Club Hybrid

EIN SOMMER IN DER NEBEL-ZONE

Heidi Pretterhofer, Michael Rieper (Hg.)

Inhalt

↑ *Sommernächtliche Spielwiese*
August 2021
© Wolfgang Thaler

8

Editorial

Im südlichen Graz, dort, wo sich Gewerbe, Industrie und Einfamilienhäuser gerne treffen, entstand im Rahmen des Graz Kulturjahres
2020 der Demonstrativbau Club Hybrid[1], dessen Eröffnung aufgrund der Corona-Pandemie von 2020 auf 2021 verschoben wurde.
Der Club Hybrid ist ein Ort des Experimentierens, des Aus- und
Darstellens sowie des Diskurses. Mit wechselnden Gästen und
täglichem Programm wurde er im Sommer 2021 zur Werkstatt und
zur Bühne in der „urbanen Nebelzone" der Stadt.

Die vorliegende Publikation *Ein Sommer in der Nebelzone* bringt
nun die zahlreichen Menschen, Ereignisse, Objekte, Themen und
Räume in einem Buch zusammen. Entlang der sechs im Projekt-
zeitraum entwickelten Themenbereiche – AHNUNG + PLANUNG,
IT'S ALREADY THERE!, WELT + MODELL, MIT DEN DINGEN
SPIELEN, WILDES KOMBINIEREN, MEINS / DEINS – wird die
Genese des Clubs Hybrid, von der Standortsuche über die Archi-
tekturkonstruktion bis zur Programmfindung, erzählt. Essayisti-
sche Gastbeiträge von Bernd Vlay, Agency Apéro, Emily Trummer,
Rudolf Kohoutek und Oliver Elser ergänzen und vertiefen einzelne
Themenbereiche und blicken über den Club-Hybrid-Rand.

Wir, die Herausgeber:innen, bedanken uns bei den Nachbar:innen,
den Gästen, den Besucher:innen, beim Team vom Club Hybrid, bei
den Essayist:innen, den Projektförder:innen (Stadt Graz, Holding
Graz, BMKOES, Land Steiermark), den Projektpartner:innen und
ganz besonders beim Graz Kulturjahr 2020. Der Sommer 2021 hat
uns gezeigt: „Wenn eine Stadt für Überraschungen gut ist, dann
ist sie urban."[2] Und wir sind optimistisch, dass der Club Hybrid
im Spannungsfeld von Raum, Stadt, Experiment und Forschung
weiter bestehen wird.

Sie, werte Leser:innen, sind nun eingeladen in die Bilder, Stimmen
und Stimmungen des Clubs Hybrid 2021 einzutauchen, um im
Sommer 2022 in der „Herrgottwiese" aufzutauchen!

Heidi Pretterhofer und Michael Rieper

[1] Club Hybrid, 1. Saison von 10. Juni bis 15. August 2021
Herrgottwiesgasse 161, 8055 Graz
www.clubhybrid.at

[2] Wolfgang Kil, im Rahmen von „Sounds Against Silence", Ternitz 2014

AHNUNG + PLANUNG

→ Bodenfrage
Spekulationen und Improvisationen
Graz ist schön und Graz ist sicher, Graz ist uni-
versitär und Graz ist automobil – Behauptungen,
die die Stadt zu einem besonders begehrten
Investitions- und Spekulationsort machen. Der
Druck auf das Urbane steigt, die Interessen der
Öffentlichkeit bzw. der Teilöffentlichkeiten wer-
den zurückgedrängt und die Frage, wem Grund
und Boden gehört, wird zum zentralen Faktor.

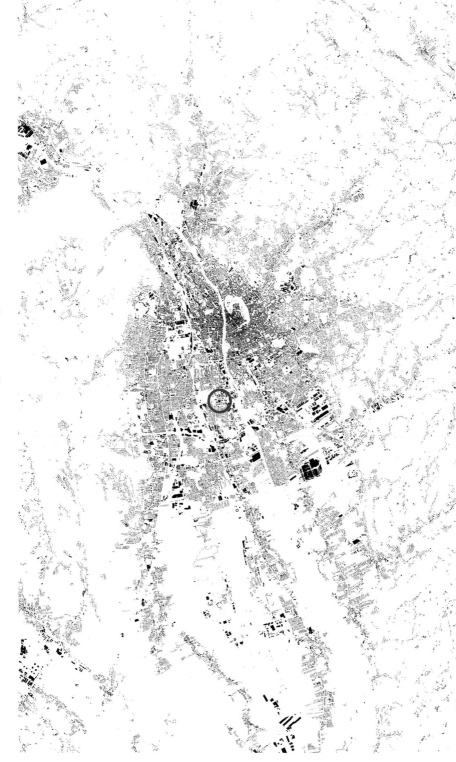

Die urbane Nebelzone als Chance begreifen!

Graz im Sucher

Graz ist eine typische Mittelstadt, mit rund 291.000 Einwohnern[1], die seit 2001 kontinuierlich wächst, steigende Bodenpreise setzen Bauland, Grünland, Infrastruktur, Politik und Gesellschaft unter Druck. Nur das Wachstum ihres Speckgürtels ist größer. Zusammengenommen haben rund 640.000[2] Menschen ihren Hauptwohnsitz in dieser Agglomeration.

Wie soll und wie wird ihre urbane Zukunft aussehen? Dieser Frage widmete sich das Grazer Kulturjahr 2020.[3] Von rund 600 Einreichungen wurden 92 Projekte ausgewählt, eines davon der Club Hybrid. Er ist ein zunächst temporäres Projekt im Feld urbaner Praxis, architektonischer Forschung, diskursiver und performativer Formate, von Teilhabe und Gesellschaft, das sich dem Paradigma Hybridität, also zukunftsbezogenen Mischungen annähert.

Mut zur urbanen Nebelzone!

Der Geograf Edward Soja formuliert, dass das Städtische nichts mehr mit den vertrauten Formen von Stadt zu tun hat. Die „Postmetropolis"[4] ist für ihn ein hybrides, komplexes, widerspruchsvolles, sich der Klassifikation entziehendes Gebilde, das sich in die Region ausgeweitet hat. Sie ist geprägt von postfordistischer Ökonomie, durchzogen von globalen und translokalen Prozessen und ein Gebilde jenseits und nach der Stadt.

Der gesamte Grazer Süden entspricht dieser Beschreibung und ist aus stadtklimatologischer Sicht, aufgrund geringer Durchlüftung und hoher Nebelhäufigkeit, ein benachteiligtes Gebiet. Dieser Umstand und der zusätzliche Einfluss diverser Gerüche durch Abluft (Gewerbegerüche) stellen für konventionelle Wohnnutzungen schlechte Voraussetzungen dar, was gleichzeitig bedeutet, dass hier alternative Transformationsprozesse willkommen sein sollten. Wir bezeichnen dieses Gebiet als die „urbane Nebelzone" von Graz. Es handelt sich um eine Struktur, die sich aus Kontrasten, Mischungen und Überlagerungen ergibt: also ein Hybrid ist.

← *Strukturplan Graz*
Rot umrandet die Adresse des Clubs Hybrid:
Herrgottwiesgasse 161, 8055 Graz
© Grundlage Schwarzplan.eu, 2019

Hier ist der passende Ort, um an aktuellen Formen urbaner Verträglichkeitskulturen zu arbeiten.

Wir wollen die Wertigkeit der Stadt und ihrer Facetten überdenken und die Potenziale von Gebieten, die sehr heterogene kulturelle Codes vorweisen, aktivieren. Hier liegen unbekannte Koexistenzen ohne Interaktion vor. Könnten sich diese nicht verknüpfen? Also andere Stadträume generieren, abweichend vom klassischen Bild der europäischen Stadt? Was kann die „Außenstadt", was die „Innenstadt" nicht kann? Wie sieht die Verbindung von Arbeiten und Leben aus, wenn Mobilität und Energieverbrauch nachhaltiger werden müssen? Und wie können in einer von digitaler Disruption, Migration und demografischem Wandel geprägten Welt urbane Gebiete entstehen, die gerecht und resilient sind und eine vielstimmige Stadtgeschichte erzählen?

Hybride Nutzungen und Experimente

Die vielfältigen Verflechtungen sowie die Mischung und Hybridisierung der Funktionen sind neben der Dichte, der Größe und der kulturellen Vielfalt als die wichtigsten, aber unauffälligsten Eigenschaften des Urbanen zu bezeichnen. Die Mischung von Nutzungen ermöglicht Vielfalt und Robustheit, Kompaktheit und Synergien, Intensität und Anteilnahme. Sie ist die Antithese zur Trennung von Lebenswelten in ihrer alltagspraktischen wie auch stadträumlich manifesten Ausprägung. Sie ist keine Notwendigkeit im Sinn einer Gleichverteilung über die Stadt, sondern im Hinblick auf die Inwertsetzung ihrer Potenziale in konkreten räumlichen Situationen eine Chance.

Das kritische Denken des 21. Jahrhunderts ist aufgefordert, die Frage der Mensch-Natur-Beziehung auf neue Weise zu diskutieren. Die von der Moderne vorgeschlagenen Grundkonzepte – die Idee einer klaren Trennung zwischen aufgeklärter Kultur und zu zähmender Natur – „funktioniert" nicht mehr. Auf stadtplanerischer Ebene findet die Funktionstrennung der Moderne in den Flächenwidmungsplänen ihre rechtliche Entsprechung mit den dazugehörigen Folgewirkungen. Die aktuellen Praktiken zur Bewältigung der anhaltenden ökologischen und politischen Krise – bis zum Krieg in der Ukraine – sind neu zu beleuchten. Angepasste hybride Ansätze sind gefragt, die über Interdisziplinarität, schlichte Kooperation und Koordination inhaltlich wie strukturell hinausgehen.

Zur Hybridisierung gehört neben der dichten Kopplung von Funktionen und Programmen auch die Ermöglichung des „Unerwarteten". Hybrid bedeutet, dass man nie genau wissen kann, aus welchen

Teilen etwas in welcher Weise zusammengesetzt ist. Der Club Hybrid ist insofern ein Labor und ein Experiment, in dem aktuelle Verbindungen wie Verunsicherungen, Potenziale und Verhaltensweisen bzw. soziale Beziehungen entwickelt, aber auch wieder korrigiert bzw. zurückgenommen werden können.

[1] Einwohner Steiermark, WIBIS. Zugegriffen am 27. Dezember 2021. https://wibis-steiermark.at/bevoelkerung/struktur/einwohner-gesamt.

[2] Bevölkerung nach breite Altersgruppe, Geschlecht und Metropolregionen. Eurostat. Zugegriffen am 27. Dezember 2021. https://appsso.eurostat.ec.europa.eu/nui/show.do?dataset=met_pjanaggr3&lang=de.

[3] „Mit dem Projekt Graz Kulturjahr 2020 setzte die steirische Landeshauptstadt Graz eine einzigartige Initiative: Zwischen Jänner 2020 und September 2021 stand ganz Graz dank rund 8000 Veranstaltungsterminen im Zeichen der urbanen Zukunft und wurde zum Zentrum einer umfassenden Beschäftigung mit den dringlichen Fragen unserer Zeit und zur Zukunft unserer Städte." Zugegriffen am 27. Dezember 2021. https://www.kulturjahr2020.at/.

[4] Edward W. Soja: Postmetropolis. Critical Studies of Cities and Regions. Oxford: Blackwell 2000.

↓ *Standortsuche für den Club Hybrid*
(roter Punkt aktueller Standort)
Juli 2019 bis Jänner 2020
© GIS-Steiermark, 2006

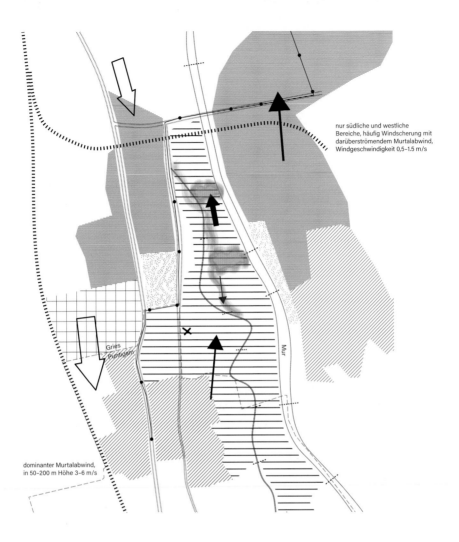

Ahnung + Planung

nur südliche und westliche
Bereiche, häufig Windscherung mit
darüberströmendem Murtalabwind,
Windgeschwindigkeit 0,5–1.5 m/s

Gries
Puntigam

Mur

dominanter Murtalabwind,
in 50–200 m Höhe 3–6 m/s

~OO~   Geruchsbelästigung

//////   Bebauung mit mäßiger Durchlüftung

═══   Industrie- und Gewerbeflächen
mit starker Erwärmung tagsüber, Emissionen
(auch von Kunden- und Angestelltenverkehr)

═══   Wärmeinselbereich, mit dichter Bebauung,
Frischluftzufuhr aus den Seitentälern

::::::::   Sport- + Grünflächen

┼┼┼┼   Friedhof

━━━   Fließgewässer

✕   Grundstück Club Hybrid

-----   Bezirksgrenzen

||||||||| Bahngleise

●━●━   Straßenbahn

■ ■ ■   Brücken Mühlgang + Mur

»»»»»   Straße

N
↻   0   400

Was kann die Nebelzone?
Bernd Vlay im Interview[1]

MR: Wir möchten gerne zu dem Themenkomplex AHNUNG + PLANUNG am Fallbeispiel Graz mit dir sprechen.

AHNUNG + PLANUNG deshalb, weil Planung ab und zu was mit Ahnung zu tun hat – oder auch nicht. Das Bild, das vor dir liegt, zeigt König Artus und die Ritter der Tafelrunde mit einer Barriere dazwischen. Wir sehen einen Tisch, wo Lebewesen, Menschen, Bestimmer, Opfer, Wichtige, Unwichtige versuchen sich miteinander zurechtzufinden. Wir versuchen dich aus der Reserve zu locken, um den Blick auf den planerischen Kontext von Graz zu lenken.

HP: Wir haben diese Collage ausgewählt, weil hier die Ritter der Tafelrunde als hybride Wesen dargestellt sind; Köpfe von Menschen, Schwänze von Fischen. Sie alle sitzen an einem Tisch, der ein Modell des Clubs Hybrid ist. Der Verhandlungsgegenstand ist der Grazer Süden, die Nebelzone der Stadt. Eine Gegend, wo sich Einfamilienhäuser, Gewerbegebiete und Brachflächen treffen, dort, wo keine Innenstadt ist. Wie können bestehende und zukünftige Ansätze zur städtebaulichen Qualifizierung dieser Außenstadt von Graz aussehen? Welche Themen und welche Chancen siehst du im Bereich der Nebelzone?

BV: Ich glaube, man muss einmal eine Schwelle überwinden, die ganz wesentlich ist. Ich erinnere mich an den Satz, der mein Denken sehr beeinflusst hat, ein ganz banaler Satz: „It's hard to be down when you are up." Dieser Satz hat am World Trade Center gestanden und Michel de Certeau hat ihn in „Die Kunst des Handelns" zitiert. Das World Trade Center ist ja jetzt down, wie wir wissen.

Das Dilemma der Stadtplanung ist, wenn du eine gewisse Distanz hast und auf Dinge schauen kannst – auch der „God-Eyes-Trick" genannt –, dann kannst du dir ein Ordnungsgefüge sehr schnell zusammenzimmern. Zusammenzimmern meine ich jetzt auch im Sinne eines kompositorischen Themas, das sich dann in die Realität hineinlegt. Und wir kennen in der Stadtplanung sehr viele solche zusammengezimmerten Geschichten, sie folgen Modellen, kulturellen Stadtbaudiskurse in der Geschichte.

Ein Thema ist beispielsweise das Raster, das dann überall angewandt wurde, egal, wie der Ort ausgeschaut hat. Und dann hat sich die Stadt sozusagen in dieses Modell hineinentwickelt. Aber man sieht auch, dass diese ganzen Systeme der Ahnung letztendlich immer anders gekommen sind, als sie geplant waren.

Ildefons Cerdà hat sich für Barcelona vorgestellt, dass in seinem Raster eine sozial gerechte Stadt entsteht, mit lauter S-Bahnen, deswegen gibt es die abgerundeten Ecken, mit großem Grünanteil in den Blocks. Wenn man Barcelona heute betrachtet, ist es allerdings viermal so dicht, wie Cerdà es sich vorgestellt hat. Sein Rasterkonzept hat damals die Bourgeoisie der Katalanen nicht überwinden können, sie haben gesagt, nein, sie wollen die freie Marktwirtschaft in der Stadt haben. Deswegen hat sich auf dem gleichen Pattern eine völlig andere Stadt entwickelt. Das ist das Dilemma der Planung. Ich nenne das auch großartige Irrtümer. Man entwickelt etwas. Es ist so robust, dass es überlebt, aber in einer anderen Form. Da finde ich den Begriff der Nebelzone spannend. Wenn man sich von oben herunterlässt und in den Nebel eintaucht und auf Tuchfühlung geht mit den Orten, dann beginnt ein neuer Prozess, eine Erkenntnis, und die ist wesentlich. Das hat mit dem Thema 1:1 zu tun: Wie begegne ich der Realität im Spannungsfeld zu dem, was ich mir als Planender an Wissen angeeignet habe? Das torpedierst du dann mit der Nebelzone. Du setzt dich bewusst einer Situation aus, die mit einem Erfahrungsprozess zu tun hat, der direkt abläuft – „direct experience".

Das haben Dieter Spath und ich damals auch versucht. Wir haben eine persönliche Beziehung zu diesem Grazer Süden entwickelt, unser Eintauchen in die Nebelzone war zufällig. 1996 mit dem Projekt *City Joker* hat uns eine Linie, die über die ganze Stadt gezogen war, gesagt: „Ihr geht dorthin, wohin ich es euch sage." Diese Linie war unser Ahnungsinstrument. Sie ist vom Planungsinstrument zum Ahnungsinstrument geworden, weil wir über die Linie in Räume eingetaucht sind, mit denen wir uns sonst nie als Planende auseinandergesetzt hätten. Die Linie hat uns diese Nebelzone des Grazer Südens erkunden lassen.

Spannend ist, dass es sich hier um einen Zwischenstadtraum handelt – man kann ihn gar nicht Stadtraum nennen – hier passiert eine Koexistenz von Dingen, die auch über Fehler in der Flächenwidmung entstanden sind. Wir haben bemerkt, dass die Verträglichkeitskultur dort auch eine eigene Evolutionsgeschichte geschrieben hat, nämlich, dass Leute, die im Einfamilienhaus wohnen, sagen, sie lieben die Nachbarschaft zur Fabrik, weil ihre Größe ihnen Ruhe gibt, weil sie am Wochenende allein sind, weil eben plötzlich eine völlig neue Form von Nachbarschaft entstehen kann, die sehr typisch ist für den Ort.

HP: Wie ist deine Einschätzung, haben sich diese räumlichen Qualitäten seit *City Joker* wesentlich verändert oder ist es ein Status quo, der jetzt in ähnlicher Weise dort noch auffindbar ist?

BV: Ich glaube, sie sind noch auffindbar. Projekte wie der Club zeigen, dass es Stellen und Orte gibt, wo eine andere Form von Alltagskultur gelebt werden kann. Das ist ein wesentlicher Punkt für mich. Es gab dort auch mehrere Europan-Projekte, die immer wieder dieses Thema aufgegriffen haben, wie geht man mit dem Raum und dem Ort um? Welche Modelle gibt es, die im etablierten Stadtplanungsdiskurs auf diese Orte und Fragestellungen antworten könnten? So weit zum Thema Ahnung, man könnte auch fragen, keine Ahnung? Diese Modelle gibt es nicht, aber es gibt eine Krise, die sehr produktiv ist, nämlich die Klimakrise und die Ressourcenkrise. Ich finde, dass diese Orte uns zeigen könnten, dass es andere Wege gibt, mit dem „as found" der Stadt als Potenzial zu arbeiten, mit dem „as found" des Ortes. Der Ort ist schräg, das muss man einfach sagen. Schräg in dem Sinne, dass dort Dinge zusammenkommen, die nicht geplant sind, dass man aber aus dem heraus wieder ein eigenes Ressourcenuniversum generieren kann, aus dem ein neuartiges Bild eines transurbanen Raumes entsteht, der weder vergleichbar ist mit der „Café-Latte-Urbanität", die so oft gesucht wird, wenn städtische Teilgebiete belebt werden sollen, noch mit Bildern einer „Vibrant City". Aus meiner Sicht kann und soll man das dort auch nicht klassisch entwickeln. Es geht um neue Verhältnisse zwischen Dingen, die sich dort finden und die man weiter hegen und pflegen kann. Es gibt dazwischen Freiräume und Brachen, dort kann man darüber nachdenken, wie sie bestellt werden können, welche Rolle sie in Zukunft spielen. Sie sollten keinesfalls klassische Stadtparks werden, wenn sich dieses Gebiet entwickelt, sondern sie haben andere Formen von Produktivität und atmosphärischer Kraft, auch von Leerständen der Stadt bis zu neuen Formen von integrierter Agrarkultur, Kleingartenwirtschaft, was auch immer dort entstehen kann. Was ich am Club Hybrid spannend finde, ist, dass er da ist und dass er dauert. Der Club Hybrid keimt jetzt seit einem Jahr. Und man sieht, dass er keimt, er verändert sich, er transformiert sich. Für mich eine angemessene Form der Intervention, wie man dort etwas beginnen kann.

MR: Wo verlief damals die Linie des *City Jokers*? Weißt du es ungefähr, welche Straße gekreuzt wurde?

BV: Wir haben die Puchstraße gekreuzt, die Tagger-Fabrik, die Müllsortieranlage. Wir waren in der unmittelbaren Umgebung des Clubs Hybrid. Die Mur haben wir im südlichen Bereich gequert, nicht im innerstädtischen Bereich. Und bei den Puch-Werken gab es die geheime Crashtest-Halle, die war auch auf der Linie.

MR: In unmittelbarer Umgebung des Clubs Hybrid ist das Puch-Museum. Eines der grandiosesten Zufallsmuseen der Stadt mit einer Halle aus den 1920er-Jahren mit besonders dünnen Stahlprofilen. Die Stadt beabsichtigt in dieser Gegend die Widmung als Gewerbegebiet aufrechtzuerhalten. Das hat uns der zuständige Stadtplanungsspezialist, Herr Inninger, mehrmals mitgeteilt; hier soll dezidiert kein Wohnen sein, auch nicht in Ansätzen, da Wohnen die Preise in die Höhe treibt und die Gewerbetreibenden innerstädtische Flächen in Graz suchen. Die Müllsortieranlage, das Heizkraftwerk, das ehemalige Tagger-Werk und andere sollen bleiben. Es ist eine Durchmischung von vielen eigenwilligen Stadtelementen, die man selten in dieser Art und Weise an einem Ort findet. Wir vergleichen es ab und zu mit Simmering in Wien.

HP: Der Infrastrukturbezirk von Graz ist diese Nebelzone, vom Friedhof angefangen über den Recyclinghof, quasi als Notwendigkeit von Infrastruktureinrichtungen, die dort sind. Kannst du diesem Vergleich etwas abgewinnen oder ist das für dich dort eine ganz andere Stimmung?

BV: Der Vergleich hat etwas. Simmering ist auch spannend, weil es das ganze Thema der Gartenkultur gibt, die teilweise verschwindet, teilweise industrialisiert wurde und wird.

HP: Übrigens, der Club Hybrid ist auch auf dem Grundstück der ehemaligen Stadtgärtnerei.

BV: Bei diesem Ensemble an Eigenartigkeiten stellt sich die Frage, wie geht man damit um? Einerseits ist es die Frage, kann sich dort eine Betriebskultur entwickeln, die mit den Bestandsgebäuden arbeitet? Das sind also auch Themen der Ressourcen, die unter anderm die Transformation des ehemaligen Tagger-Futtermittelwerks aufgreifen und sagen, wir können heute nicht mehr alles ersetzen, was dort ist, sondern wir müssen auch mit dem arbeiten, was da ist. Und wie weit hilft dann die Frage, ob dort Wohnen hineinkommt? Wohnen in Betriebsgebieten, die sogenannte heranrückende Wohnbebauung, schafft einerseits immer Ärger, andererseits treibt sie die Grundstückspreise in die Höhe. Leistbares Arbeiten in der Stadt ist mindestens so wichtig wie leistbares Wohnen. Gibt es dann nur Arbeiten oder gibt es auch Möglichkeiten, zu verweilen oder zu übernachten? Was sind angemessene Formen der Verschränkung zwischen bestimmten Modellen des Wohnens und bestimmten Modellen des Arbeitens, die an diesem Ort auch gedeihen könnten, weil der Ort auch spannende Freiraumqualitäten hat.

Das *Atelierhaus C21*, in dem wir unser Gespräch führen, ist ein gutes Beispiel, dass Wohnen als Betriebswohnen integriert und eingebettet werden kann. Das Thema der Beschränkung auf ein reines Betriebsgebiet ist absolut nachvollziehbar. Man müsste die Instrumente der Planung so schärfen, dass der Bodenpreis im Griff bleibt. Derzeit heißt es nur, ich muss Wohnen draußen halten, dann ist alles gut. Dann ist aber möglicherweise gar nichts gut, denn wenn ich dort letztendlich ein klassisches Betriebsgebiet entwickle, dann habe ich vielleicht das Thema wirtschaftlich adressiert, aber kann ich damit auch Stadträume schaffen, die die Qualitäten des Ortes mitentwickeln und aufgreifen? Ich glaube, da fehlt es an einem Bild, einem Entwicklungsbild. Das sehe ich nicht. Wenn man sagt, es soll Betriebsgebiet bleiben, okay, aber was passiert dann mit dem spezifischen Potenzial dieser Räume?

Bei Europan 10 hat Andreas Lechner mit seinem Team ein sehr spannendes Projekt für den Grazer Süden entwickelt. Er hat hybride Infrastrukturen entwickelt – ohne Wohnen –, er hat Verschränkungen geschaffen zwischen Industrie-Infrastruktur und Agrarwirtschaft in hybriden Gebäuden, die neue Programme in diesen Zwischenstadtraum integrieren, wie z.B. Aquakultur. Neue Arten der Produktion entwickeln sich und daran könnten weitere Themen angedockt werden. Das sind Innovationsthemen und damit sind es auch Kulturthemen. Kultur und die Kunst leisten einen wesentlichen Beitrag bei der Entwicklung und der Akzeptanz von neuen Technologien und neuen Verschränkungen von Lebewesen, Dingen und Räumen. Warum nennt man diesen Raum nicht Kulturbezirk, auch wenn es ein reiner Betriebsbezirk ist? Das Thema ist auch die Benennung dieses Ortes.

MR: Absolut. Die Benennung ist schon ein Thema. In unserer unmittelbaren Nachbarschaft befinden sich Bildungseinrichtungen, wo Hightech-Fräsen stehen, die bosnische Moschee, ein Kulturzentrum. Es befinden sich dort soziale Einrichtungen, etwas weiter nördlich die Caritas, südlich das Hilfswerk. Die Müllsortieranlage ist ganz in der Nähe. Auf der gegenüberliegenden Straßenseite ist das regionale Lager von Frischeis für Holzplatten und daneben stehen aus den 1970er-Jahren zwei achtgeschoßige Wohntürme. Und da ist aber immer, wenn Gewerbe und Wohnen zusammenkommen, genau dieses kleine Thema der in der Nacht anreisenden Lkws, die beim Reversieren einfach dieses Piepsen von sich geben. Und es ist nur dieser Lärm, mehr Lärm ist es nicht.

BV: Da gibt es also Konflikte, habt ihr das eruiert?

MR: Ja, da gibt es seit 20 Jahren schwelende Konflikte, wann angeliefert werden darf und wann nicht. Aber das ist ein Problem, das jeder Lebensmittelmarkt auch hat.

BV: Einerseits kann man natürlich darüber reden, ob dieses Piepsen irgendwann in Zukunft auch anders gehändelt werden kann. Andererseits kann man sagen, es geht bei diesem klassischen Hineinstellen von mehrgeschoßigen Wohntürmen, ohne Moderation oder ohne Idee, nicht darum, dieses Wohnmodell zu reproduzieren und damit weitere Konflikte zu schaffen. Sondern es geht darum, wie dieses Ensemble an Institutionen, an Produzenten, an Gewerbeunternehmen, an Freiräumen eine Form von Verträglichkeit und Vernetzung zwischen seinen Teilen finden kann. Wie kann diese neue Form milieubildend auch als Stadtteil anerkannt werden, der aus sich selbst heraus eine Transurbanität generiert? Da finde ich, ist gerade der Club Hybrid, der auch lebt, weil er eine Baustelle ist, die gleichzeitig Kultur produziert und über Stadtbaudiskurs referiert, eine spannende Kongregation am Ort.

MR: Da muss ich jetzt, auch wenn wir das nicht geplant hatten, kurz auf die Nordbahnhalle in Wien zu sprechen kommen. Sie war auch als temporäres Projekt geplant und ist dann plötzlich verschwunden. Wusstet ihr vorher von diesem Verschwinden oder dass sie verschwinden kann? Kannst du das kurz erläutern?

BV: Die Nordbahnhalle ist bei unseren ursprünglichen städtebaulichen Projekten gar nicht vorgekommen, sondern sie war eine Entdeckung, im Rahmen des Forschungsprojekts *Mischung: Possible!*. Die Idee war, mit dieser Halle einen Hub zu generieren, der als Inkubator für die gesamte zukünftige Entwicklung dienen sollte. design.built (TU Wien) hat die Halle mit ganz wenig Ressourcen hergerichtet. Über das Forschungsprojekt selbst, unter Beteiligung der TU Wien, des AzW, der Gebietsbetreuung, der Bauträger und der Architekt:innen, ist diese Halle zu einem Forum der Diskussion über die Zukunft des Ortes geworden und darüber hinaus auch zu einem Kulturknoten. Das AzW hat hier die Ausstellung *Critical Care* gemacht, eine lebende Ausstellung mit Aktionen im Stadtraum und auf der Brache um die Halle herum. So ist die Nordbahnhalle zu einem Symbol einer neuen Ressourcenkultur in der Stadtentwicklung geworden und hat sich dann immer mehr verfestigt.

Es kam dann die Frage, sollte man die Nordbahnhalle nicht belassen – ähnlich wie die Kunsthalle am Karlsplatz? Ist sie permanent oder temporär? Muss man sie herrichten? Wer betreibt die Halle? Letztendlich wurde kein Betreiber gefunden. Die Nordbahnviertelentwicklungsgesellschaft hat dann in einer Studie das „Hochrüsten" der Halle überprüft, inklusive Neubauten, damit sich die Halle „rechnet". Damit wurde für uns das Thema Permanenz eher destruktiv. Dass die Halle dann abgebrannt ist, war höchstwahrscheinlich einfach ein Aneignungsunfall, es ist passiert. Es ist daher interessant, dass dem Developer-Konsortium unterstellt wurde, es hätte die Halle angezündet, damit es sie loswird, denn die Halle an sich hat die Entwicklung rundherum nicht gestört. Es ging vielmehr darum, was tut man mit dem Ding, wie kann man es am Leben erhalten? Das war eher ein Dilemma. Die Option des Low-Key als alternatives, niederschwelliges Modell, das wäre spannend gewesen, dass sich etwas eben nicht über die Entwicklung upgradet und verfestigt.

HP: Das ist ein wichtiger Punkt, wie verhindere ich das Aufwerten?

BV: Genau, das habe ich ja vorhin auch mit den Bodenpreisen gesagt. Und da möchte ich das Thema der Gentrifizierung hineinbringen, nämlich nicht die Gentrifizierung im Sinne davon, Preise hochzutreiben, sondern modellhaft zu versuchen, Stadt zu entwickeln, und damit immer mit Modellen Orte zu kolonialisieren. Man kennt das aus den städtebaulichen Mustern; man macht ein Bandstadtmodell, man macht ein flächiges Modell, man schafft Entwicklungsinfrastruktur, also eine Hauptachse oder ein Netz. Und zwischen dieses Netz legen sich dann die Dinge hinein. Hier stellt sich die Frage, wieweit diese generischen Elemente aber auch das Spezifische des Ortes einbeziehen und stärken können.

Und jetzt noch einmal zum Nordbahnhof: Wir sind damals zum Nordbahnhof gegangen, um uns die Frage zu stellen, ob wir bei dem Wettbewerb mitmachen. Wir sind dort vor einer Riesenbrache gestanden und haben uns vorgestellt, dass das jetzt zugebaut wird, und haben gesagt, das geht doch gar nicht. Man kann doch nicht so einen Raum einfach wegtun. Und warum hat es diesen Raum, warum hat es diese Brache überhaupt gegeben? Die Brache hat es gegeben, weil die ÖBB nicht sofort entschieden haben, diesen Ort zu entwickeln. Dieses Areal ist mehr als zehn Jahre brachgelegen. Die Autorenschaft der Planung dieses Ortes hat dann die Natur übernommen. Sonnenstrahlen kosten wenig, Regen kostet wenig, also das Gießen und Ernähren des Ortes, das war ein ökosystemischer Prozess, auch eine Form des Wachstums. Es sind dort Biotope entstanden, aber es ist auch ein Aneignungsraum für Leute gewesen, die durch den Zaun geschlüpft sind und dort einfach ihre Freizeit verbracht haben. Bei der Planung hat jemand anderer das Ruder übernommen, nämlich nicht die Stadtplanung, sondern die „Naturplanung", das muss man auch anerkennen und sagen, okay, wie kann ich jetzt in einen Dialog treten mit einem anderen Planungsregime und sagen: Das ist doch eine schöne Verzahnung! Das war auch eine Chance, einen anderen öffentlichen Raum zu generieren. Und es ist bis heute noch nicht klar, wieweit das Thema Stadtwildnis und das Thema neuer öffentlicher Raum tatsächlich funktionieren wird.

HP: Hat das zwangsweise mit der Dichte zu tun? Wenn jetzt so viele Menschen dort sind, kann es nicht die Wildnis wie vor 20 Jahren sein, wo nur einige wenige Leute sich die Idylle angeeignet haben. Wenn jetzt Tausende diesen gleichen Eingang entdecken, ist es logisch, dass der Freiraum ein ganz anderer ist.

BV: Ja, es ist logisch. Aber der Raum ist ja schon lange offen. Es hat jeder hineingekonnt. Das Interessante war ja, dass die Leute auch hinein sind. Es gab ja auch einen großen Skaterpark, es war sozusagen eine spannende produktive Verwahrlosung. Die Antwort auf einen robust nutzbaren Freiraum kann in diesem Fall nicht eine gemähte Wiese oder eine klassische Parkgestaltung sein. Es ist dann tatsächlich eine neue Widmungskategorie in der Flächenwidmung Wiens gelungen, die Natur- und Erholungsgebiet miteinander verbindet. Das heißt, die Stadt hat eine neue Widmung erfunden, um anzuerkennen, dass dort auch in Zukunft naturnahe Prozesse stattfinden können. Genau so muss man das Thema des öffentlichen Raums ansprechen, mittlerweile sind die Tiere gleich wichtig geworden. Es gibt dort den Neuntöter, einen geschützten Vogel. Wenn wir das Konzept nicht so gemacht hätten, dass diese Gebiete frei bleiben, hätte es ökologische und naturschutzrechtliche Probleme mit der städtebaulichen Entwicklung gegeben.

Welche Biotope und Ökotope entstehen in einer überformten, transformierten Landschaft wie der Nebelzone im Süden von Graz? Diese haben letztendlich auch ein Recht, zu gedeihen. Es geht nicht nur um den Nutzungspool von Tausenden Menschen,

die dort sind, sondern es geht auch um die Koexistenz von Lebensformen, die einfach passiert, weil sich die Stadt hier in besonderer
Weise überformt hat. Und das sind eben Prozesse, die nicht
geplant sind im stadtplanerischen Sinne, sondern Prozesse, die
passieren.

MR: Tun sich Städte wie Graz nicht sehr schwer, sich mit dem
Informellen, weniger Geplanten zu arrangieren, im Vergleich zu
dem, was dann durch das Geplante dem Informellen entgegen-
gesetzt wird? Das heißt, dieser Übergang von etwas weniger
Gewolltem, Gewachsenem zum Geplanten, egal ob jetzt gut oder
schlecht, bereitet der Verwaltung extremes Kopfweh. Sie weiß
nicht, wie sie mit dieser Schnittstelle umgehen soll.

BV: Das ist aber, glaube ich, gar kein rein Grazer Phänomen. Das
ist in Wien und anderen Städten Europas genauso. Weil einfach
Regime da sind, Erhaltungsregime und Pflegeregime für den
öffentlichen Raum, die sehr eng gesetzt sind. Und wer übernimmt
die Verantwortung für Freiräume? In Wien gibt es zwei Abteilun-
gen, die MA 49, den Forstwirtschaftsbetrieb, und die MA 42, die
Abteilung für Stadtgärten. Sie haben völlig andere Pflegeregime.
Wir haben bei der *Freien Mitte* damals versucht mit der MA 49 zu
arbeiten. Das Problem war nur, dass die MA 49 meinte, sie könne
mit ihren Traktoren, mit ihren Tools nicht in der Innenstadt arbeiten.

HP: Aber warum nicht?

BV: Ja, warum kann man nicht mit Traktoren in der Stadt fahren?

MR: Die Wiener Forste bewirtschaften den Wienerwald exemplarisch
mit Pferden, wegen des Gewichtsproblems. In Graz gibt es neben
der Terrassenhaussiedlung eine ehemalige Ziegelfabrik – die
Eustacchio-Gründe. Sie sind jetzt Naherholungsgebiet und auch
Wald und nicht Park. Mit dem gleichen Argument, dass ein Wald
die Stadt wesentlich weniger kostet als ein Park und auch das
Pflegeverhalten sich ändert. Aber mit dem Unterschied, dass das
Umfeld der Eustacchio-Gründe eine wesentlich geringere Dichte
aufweist als das Nordbahnhofareal in Wien. Deshalb trifft das zu,
was Heidi gesagt hat, es ist eine Frage der Menge an Umgebung
und Menschen, die einen informellen Stadtraum nutzen – oder
auch einen formalisierten Raum. Die Dichte im Grazer Süden ist
eigentlich sehr gering.

BV: Ja, da stellt sich vielleicht auch eine spannende Diskussion. Was
wäre denn das Ziel in der Verdichtung der Nebelzone? Macht es

Sinn, zu sagen, die Nebelzone soll hoch verdichtet werden? Oder macht es vielleicht Sinn, dass man die heterotopische Intensität der Nebelzone stärkt? In dem Sinne, dass man sagt, Quantität allein ist noch nicht produktiv. Es kann auch das Zurücknehmen der Quantität – gerade bei Gewerbegebieten – produktiv sein. Es muss nicht alles, was zukünftig wächst, in der Stadt passieren. Es gibt auch regionale Entwicklungen. Wie schaut die Entwicklung in einem größeren, regionalen Kontext aus? Und wie kann sich das letztendlich über einen Raum von vielen Kilometern bis ins Grazer Feld transformieren? Und welche Rolle übernimmt dann dieses spezifische Feld, das stark überformt ist, dort, wo das Echo der Innenstadt auch sichtbar ist, wie z. B. beim Thema der Müllentsorgung? Das heißt, man hat dort Institutionen, die sich um die Kernstadt kümmern, dadurch gibt es auch eine starke Komplizenschaft mit der Kernstadt. Die gibt es 20 Kilometer weiter südlich nicht mehr. Das finde ich spannend, dass genau deswegen der Überformungsgrad sehr hoch ist. Weil dort eben auch soziale Institutionen der Stadt Graz Platz finden. Damit entsteht ein Konglomerat, das sehr spezifisch ist, das sollte man stärken. Da entsteht vielleicht etwas „Sonderbares", was man in Zukunft gleich gerne besucht wie die Innenstadt.

MR: Wir würden gerne im Grazer Süden ein bisschen weiter zu diesem Thema Kampf um Fläche und deren Wert kommen und dich fragen, ob entsprechende Widmungslösungen eventuell eine Antwort darauf sein könnten, wie man mit diesem neuralgischen Problem, wem gehört was, wer widmet was wann und wie, umgeht.

In unserem konkreten Fall ist es so, dass das Grundstück des Clubs Hybrid der Holding, also den Grazer Stadtwerken, gehört. Auch viele angrenzende Grundstücke gehören noch der Stadt. Nur der Druck – sogar von verpartnerten Infrastruktur-Unternehmen – auf die Stadt ist so groß, dass dann doch wieder Grundstücke an Private verkauft werden. Wie siehst du dieses Verhalten? Was besitzt die Öffentlichkeit, was soll sie besitzen? Oder soll sie das, was sie veräußert, durch Widmungsbestimmungen entsprechend sichern?

BV: Ich finde, die Stadt sollte überhaupt nichts mehr veräußern. Sie hat schon viel zu viel veräußert. Es gibt Möglichkeiten und Instrumente, wie zum Beispiel das Baurecht – wo man ein Grundstück verborgen kann und auch im Rahmen dieses Baurechts kontrollieren kann, was dort passiert. Das ist ein Instrument, das viel mächtiger ist als die Widmung. Die Widmung kann sich nach 20 Jahren wieder ändern. Und wer weiß, was passiert. Ich finde, es sollte eine Prämisse sein, dass der Boden, der der Stadt gehört, im Interesse des

gesamten städtischen Körpers und seines Stoffkreislaufes weiter-
entwickelt wird. Die Verantwortung zu delegieren, indem man
Grundstücke privatisiert und hofft, dass das mit einer entsprechen-
den Flächenwidmung schon gutgehen wird, ist nicht ausreichend.
Wenn man diese Verantwortung behalten möchte, braucht es auch
entsprechende Entwicklungsvisionen, die man gleichzeitig mit
dieser Verantwortung mitentwickeln muss. Das gehört unbedingt
dazu. Das heißt, nicht nur die Grundstücke zu halten, sondern
auch Entwicklungsbilder zu formulieren, was denn in Zukunft mit
diesen Grundstücken gemacht werden soll. Das ist eine Entwick-
lungskultur, eine Grundstückskultur des Nichthergebens dieser
Flächenpotenziale.

MR: Wie schätzt du in diesem Zusammenhang die Möglichkeiten
der neuen Stadtregierung ein, wie sie in Graz jetzt mit einer kommu-
nistischen Bürgermeisterin und einer grünen Vizebürgermeisterin
bestehen?

BV: Ja, ich denke, die Möglichkeiten sind gut. Entwicklungen im
Rahmen des Baurechts sind auch gar nicht besonders radikal;
auch die ÖBB veräußern die Grundstücke nicht mehr, sondern vergeben sie auf Basis des Baurechts. Man hat erkannt, dass Land
eine Ressource ist, die man nicht für immer und ewig verlieren
möchte. Und verkauft ist verkauft. Wir waren auf einer Europan-
Exkursion in Helsinki, es war faszinierend, zu sehen, dass dort fast
alles auf Baurecht-Basis gemacht wird. Helsinki gehört der Stadt!

MR: Wirklich?

BV: Ja. Fast der gesamte Grund und Boden gehört der Stadt bzw.
der öffentlichen Hand und der wird dann gemäß des Baurechts
vergeben. Damit haben sie einfach andere Spielräume. Wenn man
Land aufteilt und privatisiert, gehen diese Spielräume verloren.

HP: Ich möchte nochmals zu den Entwicklungsbildern. In welchen
Konstellationen können diese Bilder und Vorstellungen generiert
werden? Vielen Stadtentwicklungsprozessen mangelt es an Vorstellungen, es gibt keine Bilder, auf die man sich einigt, stattdessen
schreibt man fort, was man kennt, zum Beispiel Nachverdichtung.
Wie kann man neue Bilder in die alten Köpfe einpflanzen?

BV: Letztendlich ist der Club Hybrid schon ein kleiner Entwicklungs-
bilder-Dynamo. Indem er sagt, er arbeitet Stadtentwicklungsdiskurs
ab. Anhand seines eigenen Werdungsprozesses oder Transforma-
tionsprozesses wird genau das Entstehen dieser Bilder behandelt.

Ich glaube, das ist ein spannendes Format. Ich sehe es als Proto-format, mit dem gewisse Entwicklungsbilder gekocht werden, gebrütet werden. Wie auch immer man das sagen mag. Der Ball müsste dann aber eigentlich der Stadt zugespielt werden, um als Potenzial aufgegriffen und dann in weitere Verfahren übersetzt zu werden. Es könnten Briefs für Aufgabenstellungen entstehen, die dann auch Wettbewerbsverfahren sein könnten, vielleicht auch dialogisch orientierte Wettbewerbsverfahren. Beim kooperativen Planungsprozess bin ich etwas skeptisch, weil oft zu wenig Spiel-raum vorhanden ist, das freie Denken zu kurz kommt und oft allzu schnell Dialog und Konsens gesucht wird. Unabhängig davon glaube ich, dass es primär um die Quelle der Aufgabenstellung geht. Wo beginnt das Entwicklungsgebiet oder die Entwicklungs-vision zu gedeihen? Wo beginnt das Ganze? Das ist ein kultureller Prozess des Ausdiskutierens und des Verhandelns. Und da finde ich das Club-Hybrid-Format interessant. Weil es eben nicht sofort die Antwort über ein klassisches Wettbewerbsformat sucht, um ein Problem zu lösen oder ein Entwicklungsgebiet zu entwickeln, sondern versucht Diskurse aufzumachen. Also über Möglichkeiten nachzudenken, in welche Richtung es gehen könnte. Was sind unsere Befindlichkeiten? Was sind die Rollen der Akteure? Wie verzahnen sich Kulturproduktion und Stadt? Und dann natürlich vor Ort das 1:1-Experiment. Deswegen mag ich das Format.

HP: Du hast dich auch in deiner Lehre sehr mit Infrastrukturen und Netzwerken beschäftigt. Wie schätzt du die Lage im Grazer Süden in Bezug auf Infrastruktur ein?

BV: Ich habe es sehr schade gefunden, dass das Thema der Schlepp-bahn nicht gegriffen hat. Es wurde bei einem Europan-Wettbewerb adressiert. Die Schleppbahn ist ein infrastrukturelles Erbe, das jetzt anders belegt werden könnte, um das Gebiet an das Infrastruktur-netz der Stadt anzuhängen. Wiewohl sich dann die Frage stellt, was macht man damit konkret? Manchmal lasse ich die Studierenden Texte schreiben. Bei der letzten Arbeit hat eine Studentin über die Vision einer hybriden Straßenbahn geschrieben, wo der letzte Wagon ein Güterwagen ist – eine Straßengüterbahn. Warum transportiert die U-Bahn nur Menschen? Bei der U2 ist die Fahrt zur Seestadt sehr lange, warum gibt es dort keinen Speisewagen? Ein weiterer Vorschlag von Studierenden war, zu sagen, es könnten auch Esel an U-Bahn-Haltestelle stehen und das Transportmittel für die letzten Meter zum Haus sein. Man muss sich das Straßendesign vorstellen, das dann möglich wird, auch die Entsiegelung des Bodens und die Klima-Resilienz. Das Milieu der Stadt würde sich vollständig ändern, wenn es neue Synergien zwischen Tierwelt, Menschenwelt und

Infrastrukturwelt gäbe. Ich glaube, genau die Nebelzone macht die Grenzen zwischen den Dingen diffus und neue Querkoppelungen möglich. Die Ordnung der Dinge wird sozusagen irritiert. Und das ist die Chance der Nebelzone, solche Dinge denken zu dürfen.

Vielleicht noch ein Plädoyer für die Vielfalt. Wir haben gesagt, dass die hohe Verdichtung in der Nebelzone nicht so relevant ist, sondern dass es um die Intensivierung von Potenzialen geht. Andernorts können aber auch Punkte mit extremer Dichte entstehen, wenn dort ein intermodaler Mobilitätsknoten ist, der viel aufnehmen kann, bis hin zu einem Hochhaus für Agrarkultur. Genau dort könnte man quantitativ Meter machen, um dann die Nebelzonen als Kontrapunkt zu ermöglichen. Die Nebelzone ist kein universales Stadtmodell, sondern ist ein spezifisches Modell, aus dem Ort heraus gedacht. Es geht um den Coup der Ressourcen. Was ist der Ressourcen-Coup für jeden Ort? Das ist eine wichtige Frage. Und die Ressourcen sind knapp.

MR: Krise ist natürlich auch ein Thema: Wir haben Krieg. Wir haben Pandemie. Wir haben Klima. Wir haben große Bevölkerungsbewegungen. Wir sind so viele wie noch nie. Als wir beide geboren wurden, waren wir halb so viele Menschen auf der Welt.

BV: Das ist eigentlich Wahnsinn. Wie kann man aus dem Ort heraus Resilienz entwickeln? Indem man Ressourcen des Ortes respektiert und nicht kolonialisiert, das ist ganz wichtig. So trägt man auch zu neuem ethischen Verhalten bei. Die Kolonialisierung von Orten mit Modellen ist genau die Ursache der großen Krise. Und da kann man andocken. Das *City-Joker*-Projekt war der billigste Bezirk der Welt. Wir haben mit 30.000 Euro einen Bezirk gebaut. Und darüber muss man nachdenken. Denn letztendlich war das Psychogeografie. Wie entstehen Identitäten und Zusammenhänge? Wie entsteht Glück? Wie entsteht Solidarität? Die Linie war gnadenlos. Du hast dir nicht aussuchen können, wer dein Nachbar wird und wo du durchmusst. Wir mussten eine Solidarisierung herstellen. Eine Solidarisierung zwischen Unterschieden. Und im Namen dieser Solidarisierung hat der Bürgermeister die Linie damals als neuen Bezirk der Stadt Graz ausgerufen. Eigentlich wollten wir ursprünglich nichts anderes sagen, als dass die Linie ein besserer öffentlicher Raum sein kann als ein schön gestalteter Platz.

Und der Nebel könnte in diesem Sinne auch besser sein als eine historische Innenstadt oder als ein neues, schönes Stadtquartier. Dann bleibt man vielleicht doch lieber im Nebel!

HP: Vielen Dank für das Gespräch. ·

¹ Das Interview mit Bernd Vlay (BV) führten Heidi Pretterhofer (HP) und Michael Rieper (MR) im Mai 2022 in Wien.

Ahnung + Planung

→ Bernd Vlay
ist Architekt und Urbanist in Wien. Er leitet gemeinsam mit Lina Streeruwitz das Büro StudioVlayStreeruwitz. Neben der Planung und Umsetzung zahlreicher, fast ausschließlich aus Wettbewerben hervorgegangener Städtebau- und Architekturprojekte im deutschsprachigen Raum umfasst das Tätigkeitsfeld auch das Kuratieren von Ausstellungen, Symposien und Publikationen sowie die Mitwirkung an interdisziplinären Forschungsprojekten.

→ *Urbane Nebelzone im Grazer Süden*
Collage zum Workshop am 17. November 2020, mit Martin Glauninger (Immobilien Stadt Graz), Bernhard Inninger (Stadtplanungsamt Graz), Wolfgang Malik (Holding Graz), Christian Mayer (Graz Kulturjahr 2020), Günter Riegler (Stadtrat Finanzen/Kultur), Daniela Teuschler (Büro Stadtrat Finanzen/Kultur), Burkhard Schelischansky (Kammer der ArchitektInnen und Ingenieur-konsulentInnen), Bernd Vlay (StudioVlayStreeruwitz), moderiert von Heidi Pretterhofer und Michael Rieper (Club Hybrid)

I'TS
ALREADY
THERE!

→ Archiv, Stadtgeschichten
Inspiration und Fiktion
Was ist schon da, worauf bauen wir auf?
Welche Rolle spielt Graz? Es werden spezifische
und prototypische Grazer Stadtgestalten und
-geschichten in den Club gebeten, wie die
Stadt Ragnitz, die Terrassenhaussiedlung oder
das Puch-Museum. Ihr gemeinsamer Nenner
ist der außergewöhnliche Umgang mit dem
Unbekannten und der Veränderung.

It's already there!

Von der Gärtnerei zum Club

Standortsuche

Der Club Hybrid ist sowohl ein Prozess als auch ein physisches Produkt, das einen passenden Ort in der Stadt braucht. Im Sommer 2019 haben wir uns auf Grundstückssuche begeben. Kein leichtes Unterfangen. Denn die Anforderung und das Ziel war Nutzen statt Besitzen, also möglichst keine oder geringe Pacht zu bezahlen. Wir legten den Fokus auf bis dato „unbeachtete Flecken" des Grazer Stadtraums, die außerhalb des Stadtbildes und außerhalb des Stadtdiskurses stehen, da sie zu dünn, zu heterogen und zu privat sind. Insgesamt haben wir mehr als 30 Grundstücke, Leerstände, Dächer, Kirchen, Parkplätze, Silos, Gasthäuser, Bäder und andere Spezialobjekte angesehen, unter der Prämisse dezentral, aber trotzdem gut an den öffentlichen Verkehr angeschlossen.

Die gute Adresse

Anfang 2020 kam das Grundstück in der Herrgottwiesgasse 161, das im Besitz der Holding Graz (vormals Grazer Stadtwerke AG) ist, in den Blick. Hier war einst die Stadtgärtnerei angesiedelt. Seit deren Abriss in den 1980er-Jahren wird die verbliebene Freifläche vorwiegend als Lagerplatz für Transformatoren und die städtischen Container zur Luftgütemessung genutzt. Auf dem Gelände befindet sich das ehemalige Gärtnerhaus als Altbestand, ansonsten handelt es sich vorwiegend um Wiesenfläche und einige Betonfelder, die noch von der ehemaligen Gärtnereianlage zeugen.

Das Grundstück in der Herrgottwiesgasse liegt im Bezirk Gries[1], der Baustoffhandel auf der gegenüberliegenden Straßenseite befindet sich bereits im Bezirk Puntigam[2]. Der Nachbar im Westen ist das Islamische Kulturzentrum Graz. Die gefühlte Heterogenität der Nachbarschaft spiegelt sich allerdings nicht in den Eigentumsverhältnissen. Ein Blick ins Grundbuch zeigt, dass diese sehr homogen sind. In der weiteren Nachbarschaft spielen Infrastrukturthemen eine zentrale Rolle, Ver- und Entsorgungseinrichtungen wie Schrottplatz, Mühlgang und Zentralfriedhof sind in unmittelbarer Nähe, gleichzeitig ist das Gebiet durch die Straßenbahn bestens an den öffentlichen Verkehr angeschlossen.

← *Bild der ehemaligen Stadtgärtnerei aus den 1980er-Jahren, gefunden am Grundstück Herrgottwiesgasse 157*

Ko-Existenzen

Ein Spaziergang führt uns durch eine Ansammlung von Industrie-, Büro- und Lagergebäuden zum Mühlgangufer, das sich hinter dem Grün verlassener Schrebergärten versteckt, sie wurden 2019 aufgelassen. Es öffnet sich der Blick auf die Türme des Kraftwerks der Energie Steiermark AG. Entlang der geruchsintensiven sowie lautstarken Puchstraße reihen sich die verschiedensten Gebäudetypologien – vom neuen Supermarkt bis zum alten Gasthaus, vom Wohnblock bis zum Einfamilienhaus, vom Bürokomplex bis zum Puch-Museum und von Lagerplätzen bis zum ungenutzten Kioskhäuschen. Am neuen Innovationspark zwischen der Baustelle der Holding Graz und dem Farbenfachgeschäft treffen wir auf einen Zirkus mit Vergnügungspark (temporär auch Wagenpark der Roma und Sinti) und auf die Gleise der alten Schleppbahn, die noch in Betrieb ist. Vom Café Black Box aus, dem Gastroangebot der dazugehörigen Reisebuswaschanlage, blickt man auf das neue Murufer und die Seifenfabrik. Immer wieder weht eine Duftprise vom Abfall- und Recyclinghof der Holding Graz herüber und man hört die donnernde Müllverwertungsanlage. Richtung Süden reihen sich Gartenzäune, Einfamilienhäuser, Kuriositäten und Poollandschaften aneinander. Richtung Norden finden sich großmaßstäbliche, ehemalige Industrieareale, die sich kontinuierlich transformieren, wie das Tagger-Werk und das Schaumbad.

Wohnen, Arbeiten, Lernen, Sporteln, Beten und Basteln schließen einander hier nicht aus. Dieses dezentrale, heterogene Mischgebiet ist der passende Ort, um an urbanen Notwendigkeiten und Möglichkeiten zu arbeiten. Wir konnten mit der Holding Graz einen Prekariatsvertrag verhandeln, wir werden – vorerst zeitlich begrenzt – geduldet und können die „Herrgottwiese" zur „Spielwiese" und zum Testfeld machen.

[1] Durch seine exponierte, ungeschützte Lage vor den Stadtmauern und wegen der Hochwassergefahr wurde der Gries lange Zeit hindurch von Flößern, einfachen Handwerkern und Händlern als billiges Wohn- und Gewerbegebiet genutzt. Erst im 17. Jahrhundert begann sich die feste Bebauung durchzusetzen. Vgl. AustriaWiki. Zugegriffen am 22. Februar 2021. https://austria-forum.org/af/Austria-Wiki/Gries.

[2] Puntigam war ursprünglich kein Orts-, sondern ein Familienname. Er stammt von jener Familie, die ein Herrenhaus samt Gastwirtschaft und Brauerei besessen hatte. Die Brauerei Puntigam ist heute im Besitz von Heineken. Die Puch-Werke, heute im Besitz von Magna Steyr, prägen seit Generationen die Arbeitswelt in Puntigam, generell befindet sich hier auch heute noch ein großer Teil der Grazer Industrie. Vgl. AustriaWiki. Zugegriffen am 22. Februar 2021. https://austria-forum.org/af/AustriaWiki/Puntigam.

→ *Schrägluftbild Grazer Süden*
© Magistrat Graz, Stadtvermessungsamt 2019

↑ *Recyceltes Glas als Außenhaut der Moschee*
Islamisches Kulturzentrum Graz
2020

→ *Keine Zäune*
Die Moschee als direkter Nachbar des Clubs
Hybrid nutzt situativ das Grundstück
2021

It's already there!

↑ *Wohn-Turm im Gewerbegebiet*
Herrgottwiesgasse 164
2020

→ *Infrastruktur-Türme*
Fernheizwerk Graz, Puchstraße 51
2020

It's already there!

↑ *Stein mit Garage*
    Eyslergasse
    2020

→ *Einfamilienhaus on display*
    Herrgottwiesgasse
    2020

It's already there!

↑   *Dietmars Werkstatt*
Herrgottwiesgasse 153
bester Nachbar des Clubs Hybrid
2021

→   *Von der Fabrikhalle zum Museum*
Johann-Puch-Musuem Graz, Puchstraße 85
2021

It's already there!

↑ *Abwarten – Abstellen – Abgehen*
Ein Zirkus lagert an der Adresse Am Innovationspark
2020

→ *Energie-Flüsse*
Murufer in der Nähe des Murkraftwerks Graz
2020

It's already there!

↑ *Nahversorger für Handel, Gewerbe und Industrie*
Odörfer Seefelder, Puchstraße 70
2020

→ *Baustelle Außenstadt*
Herrgottwiesgasse
2020

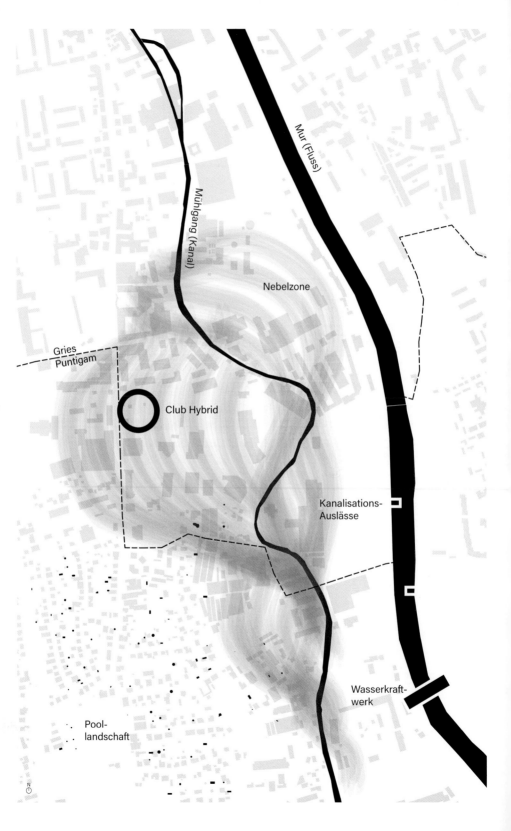

Mur (Fluss)

Mühlgang (Kanal)

Nebelzone

Gries
Puntigam

Club Hybrid

Kanalisations-
Auslässe

Pool-
landschaft

Wasserkraft-
werk

N

Über Stadt, Pools und sensible Lebewesen
Beatrice Bucher, Christine von Raven, Yannik Plachtzik

„Except for perhaps some minute amounts of vapour that may enter our atmosphere from the cosmos, all the water that is here, on, in and hovering above our planet, has always been here. Each watery singularity has been somewhere, sometime before. Yet, while the water that moves through these cycles is always the same', it is by no means undifferentiated. What repeats is always difference."[1]

Was ist Wasser? Wo begegnet es uns? Wo spüren wir es?

Nebelzone
Nebel entsteht, wenn Wasser bodennah verdampft und dort sogleich wieder abkühlt. Dabei bilden sich kleine Tröpfchen, die sich an Ruß- und Staubpartikeln in der Luft festhalten. So formen sie niedrig schwebende Wolken. Eines von vielen Wetterphänomenen, das durch die Änderung des Aggregatzustandes von Wasser entsteht. Wasser schmilzt und erstarrt, siedet und kondensiert, sublimiert und resublimiert, verdunstet und verdampft – Prozesse, die wir im Alltag kaum wahrnehmen. Steht man morgens auf der Wiese des Clubs Hybrid, ziehen eindrückliche Nebelschwaden vorbei, ein sehr leises Momentum im Gegensatz zur lauten Kreissäge der Industrie oder den Müllfahrzeugen der nahe liegenden Abfallversorgung. Die Nebelzone um den Club wird gleichzeitig zur Grenze zwischen Industrie- und Wohngebiet. Das kondensierte Wasser zieht die Linie zwischen dem Wohnen und dem Arbeiten. Aber keineswegs gerade oder klar, sie verschwimmt, verändert und vermischt sich. Sinnbildlich für unser heutiges urbanes Leben, dessen Alltag den noch existierenden Flächenwidmungsplänen widerspricht. Mit einem Blick durch die Umgebung des Clubs Hybrid wird sichtbar, dass Wohnen, Arbeiten und Produzieren schon längst gemeinsam gelebt werden und sich ein urbanes Konglomerat ergibt, das verschiedenste Lebensformen aufnimmt. Hier fehlt etwas Strukturgebendes, ein Raum für alle, klimatische Ausgleichsflächen, ein roter Faden, der durch den Nebel führt. Diesen urbanen Bedürfnissen könnte der versteckte Mühlgang-Kanal im Gebiet zur Hilfe kommen.

← *Offenes Wasser in Gries und Puntigam*
Kartengrundlage: Magistrat Stadt Graz und
Begehung August 2020

Kanal

Wie eine Betonrinne fließt der Mühlgang durch Gries und Puntigam. Bei einem Spaziergang in der Nebelzone kann man ihn schnell übersehen. An vielen Stellen verschwindet er vollständig hinter Zäunen, zwischen privaten Grundstücken und Industriebauten. Unbeachtet fließt das Wasser durch das künstliche Bachbett. Als wäre es von keiner Bedeutung. Dabei ist die Energie des Wassers ein entscheidender Treiber der Industrialisierung und Grund, weshalb sich etliche Betriebe schon im 13. Jahrhundert an den Mur-Gängen ansiedelten. Durch die beständigen Wasserstände haben die kleinen Wasserkraftanlagen in Form von Wasserrädern das Mahlen von Mehl für Bäcker oder das Brauen von Bier ermöglicht.[2] Heute werden die kleinen Kraftwerke rein zur Energiegewinnung genutzt, sie sind natürlich weniger ertragreich als die Murkraftwerke, liefern jedoch sehr konstant, gerade im Falle von Hochwasser.[3] Der Mühlgang ist infrastrukturell nicht aus Graz wegzudenken. Um seine Funktion zu bewahren, wird er zweimal jährlich gehegt und gepflegt.[4] Da stellt sich der „Club der Nichtschwimmer" nicht ohne Grund die Frage, warum bei einem solch hohen Aufwand an Sanierungsarbeiten nicht mehr Zugänglichkeit zum Kanal für die angrenzende Nebelzone geschaffen wird. Im Jahre 2003 bauten die „Nichtschwimmer" Einstiegsleitern und forderten zum Schwimmen auf. Doch aufgrund der in hygienischer Hinsicht nicht ausreichenden Wasserqualität war das Baden unmöglich – das Nichtschwimmen wurde zum Namensgeber des Projektes und neue Clubmitglieder mussten sich in der Beitrittserklärung dazu verpflichten.[5] Wünschen wir uns nicht alle eine nahe gelegene Abkühlung an den immer heißer werdenden Sommertagen?

Pool

Es wird heißer. Im Durchschnitt ist jedes Jahr noch heißer als das letzte.[6] Die Luft über den Straßen flimmert im Sommer. Es ist zu warm, um sich zu konzentrieren, zu warm, um sich zu bewegen. Inzwischen sterben in Österreich mehr Menschen an sommerlichen Hitzewellen als an Verkehrsunfällen.[7] Im Umland des Clubs Hybrid bieten in den zunehmend heißen Sommertagen Dutzende Pools grenzenlosen Luxus. Ihre Wasseroberfläche glitzert und das Blau der Fliesen am Boden lässt sie blautürkis schimmern. Der Moment, in dem der Körper in das Wasser eintaucht und die Haut umströmt wird, löst alle Hitze. Etwa 60 kleine paradiesische Badeinfrastrukturen für 60 Haushalte bilden ein Netzwerk aus kühlendem Nass. Das Wasservolumen dieser Pools würde ein weiteres öffentliches Freibad in der Südstadt füllen, für das der Wartungsaufwand und die Kosten weitaus geringer wären, zumal diese auf die gesamte Kommune umverteilt werden würden. Aber hat es nicht auch

seinen Charme, wenige Schritte vor der Haustür direkt in die
ersehnte Abkühlung abzutauchen? Kann man diesen Luxus mit
den Nachbarn teilen? Der eigene Pool kann, geteilt, zur Grundlage
neuer nachbarschaftlicher Gemeinschaft fernab von Gartenzäunen
und Grundstücksgrenzen werden. Aus einer temporären Öffnung
des Poolnetzwerks in Puntigam könnte ein Tag der offenen Pools
entstehen, wovon ganz Graz profitieren würde. Solch ein Badefest
würde ein international einzigartiges dezentrales Freibad entstehen lassen. Jeder dieser Pools füllt sich letzten Endes mit dem
wichtigsten Allgemeingut unserer Gesellschaft: dem Trinkwasser
aus der Leitung. Meistens wöchentlich, um die Wasserqualität zu
erhalten. Und spätestens wenn sich der Sommer verabschiedet,
verschwindet das Wasser, genutzt oder ungenutzt, gluckernd in
der Kanalisation.

Kanalisation
Egal ob im Abfluss des Spülbeckens, durch die Löcher im Gully-
deckel oder mit dem Tastendruck auf die Klospülung – nach einem
kurzen Moment der Sichtbarkeit verschwindet es wieder in der
Dunkelheit. Aus der nach wie vor überlebenswichtigen Grundlage
Wasser wurde ein Verbrauchsgut, das scheinbar immer und un-
begrenzt vorhanden ist. Zum Trinken, Duschen und Waschen, zur
Produktion, zur Gerätekühlung, zur Bewässerung. Wie von Zauber-
hand fließt das Wasser unerlässlich durch den offenen Hahn und
unsere Leitungen, doch wohin eigentlich? Ein Großteil des Wassers verschwindet oft ungenutzt direkt wieder im Dunkeln. Über
die letzten Jahrhunderte entstand mit der Industrialisierung und
den wachsenden Städten eine Parallelwelt aus Rohren, Leitungen
und Kanälen. Ein menschengemachter Wasserkreislauf, unsicht-
bar sowie unverzichtbar für uns heute. Bei einem Spaziergang am
Fluss kann man an einigen Stellen die großen Betonelemente der
Auslässe oder Überlaufbecken finden. Sie lassen das Ausmaß der
weitreichenden und unterirdisch alles umspannenden Kanäle und
Rohre aus Stein, Beton, Metall und Plastik erahnen. Die Abwässer
aus Regen-, Grau- und Schwarzwasser werden in Graz über ein
850 Kilometer großes Kanalisationsnetz in den Kläranlagen zu-
sammengeführt und schließlich in die Mur geleitet.[8]

Fluss
Die Mur fließt durch Österreich, Slowenien, Kroatien und Ungarn.
In den 1980er-Jahren haben direkte Einleitungen der Schwerindustrie
das Wasser stark verschmutzt.[9] Inzwischen hat sich durch Natur-
schutzauflagen die Wasserqualität weitgehend verbessert. Bis
heute fließt allerdings bei großen Regenereignissen das Wasser aus
der Kanalisation ungeklärt in den Fluss, da die Mur ein Vorfluter ist.[10]

Zur Vermeidung von Hochwasser wurde der Fluss schon früh re-
guliert, das natürliche Flussbett verändert und eingegrenzt. Damit
verringerte sich die Fließgeschwindigkeit. Dadurch trägt die Mur
weniger Sauerstoff, dem Fluss wurde seine selbstreinigende Kraft
genommen und somit ist auch die Wasserqualität gesunken. Die
Folge ist eine leicht grünliche Trübung des Flusses. Durch den
Hochwasserschutz wirkt die Mur abgegrenzt und unzugänglich.
Nicht verwunderlich ist, dass sich die Grazer unsicher sind, was
die heutige Wasserqualität und die Nutzung des Flusses als Ba-
degewässer angeht. Statt Badebereichen am Fluss wurden neben
dem Fluss Freibäder errichtet, die diese Funktion übernehmen,
während der Fluss als Infrastruktur bleibt.

Steht man im Durchfluss des renaturierten Murufers spürt man
die Kraft des Wassers, das um die Füße fließt und wenn man nicht
aufpasst, die Badeschuhe davonschwemmt. In jedem Liter Wasser,
das durch die Mur fließt, steckt Energie. Das südlich der Grazer
Innenstadt neu gebaute Kraftwerk erzeugt mit dieser Energie
ausreichend Strom für 20.000 Haushalte.[11] Allerdings wurde in
diese Infrastruktur auch viel Energie investiert. Energie für Kräne
und Baufahrzeuge, die den Boden und das Flussbett verschoben
haben. Energie bei der Herstellung des Zements für die massiven
Stützwände, die das Wasser des Flusses aufstauen. Das Wehr bildet
eine Barriere für das Wasser und für die darin lebenden Fische.
Eine betonierte Fischtreppe bildet eine neue artifizielle Infrastruktur
für die Natur und das Ökosystem des Flusses. Für die ökologische
Qualität, die genommen wurde, wurden neben den Fischtreppen
im Rahmen des weitreichenden Flussumbaus renaturierte Ausgleichsflächen geschaffen, die zuvor nicht existiert hatten, und
damit verbunden auch neue öffentliche Räume am Fluss. Die Aufstauung hat die Rolle des Flusses in der Stadt maßgeblich verändert.
Vom Anstieg des Pegels und der Neugestaltung des Flusses in der
Innenstadt profitieren die Grazer:innen. Doch gleichzeitig zerstört
die Aufstauung den Lebensraum von zahlreichen Bäumen, die, gerade im Wasser stehend, langsam absterben. Radikale Eingriffe wie
der Bau eines Wehres haben radikale Folgen. Positive wie negative.
Viele europäische Flüsse wurden auf ähnliche Weise umgebaut
und verändert: für Abwasserabführung, Energiegewinnung, zum
Kühlen von Industrieanlagen und um den Transport durch die
Schifffahrt zu ermöglichen. Wer heute noch einen natürlichen
Flusslauf sehen möchte, muss bis nach Albanien reisen. Hier fließt
die Vjosa. Der letzte natürliche Fluss Europas.[12]

Jedes Wassermolekül in unserer Atmosphäre war schon immer
hier – ob es durch den natürlichen Flusslauf oder durch unsere

Körper und die Kanalisationen fließt, dem Molekül ist es gleichgültig, in welcher Form es sich durch den Wasserkreislauf bewegt. Uns ist das nicht egal. Wir wollen das Wasser erleben können, guten Gewissens im Fluss baden gehen und die Sicherheit haben, dass unser Wasserhaushalt für uns, die nächsten Generationen und alle Lebewesen, ja unser gesamtes Ökosystem gesichert ist. Die Rückkehr sensibler Fischarten, wie beispielsweise jene der Äsche[13], in die Mur bei Graz ist das Ergebnis aktiv gestalteter Transformationsprozesse zur Verbesserung der Wassergüte und zur Öffnung neuer Räume. Diese können auch uns die Angst vor dem Sprung in das kühle Nass nehmen und gestaltgebend für einen positiven Umgang zwischen Mensch und Wasser werden.

[1] Astrida Neimanis. Bodies of Water: Posthuman Feminist Phenomenology. Environmental Cultures Series. London; New York: Bloomsbury Academic, an imprint of Bloomsbury Publishing Plc 2017, S. 86.

[2] Vgl. Mühle aus dem Meisterbuch der Grazer Bäcker, Steiermärkisches Landesarchiv, A. Graz, Stadt, K. 23, H. 259., entnommen: Graz liegt am Meer.

[3] Vgl. Grazer Mühlgang. Wikipedia. Zugegriffen am 20. April 2022. https://de.wikipedia.org/wiki/Grazer_Mühlgang.

[4] Vgl. Grazer Mühlgang. Wikipedia, a. a. O.

[5] Vgl. Peter Arlt, Benni Foerster-Baldenius (raumlaborberlin), Wolfgang Grillitsch (Peanutz Architekten): Club der Nichtschwimmer, entnommen: Graz liegt am Meer, Graz Museum.

[6] Vgl. bspw. Austrian Panel on Climate Change (APCC).

[7] Vgl. Alina Neumann: Österreich: Mehr Tote durch Hitze als im Straßenverkehr. In: Kurier (24. Juli 2018).

[8] Vgl. Heike Jantschner: 850 Kilometer unter der Stadt. In: Mein Bezirk (27. Februar 2013).

[9] Vgl. Günter Pilch: Wie die Mur von der Kloake zum Vorzeigefluss wurde. In: Kleine Zeitung (23. September 2015).

[10] Vgl. Gesamte Rechtsvorschrift für Verbesserung der Wassergüte der Mur und ihrer Zubringer, Pub. L. No. BGBl. II Nr. 369/2018, 32014L0101 2018.

[11] Vgl. Murkraftwerkgraz.at/Energie Steiermark: Unsere Mur. Ganz schön stark. Zugegriffen am 19. April 2022. http://www.murkraftwerkgraz.at/Kraftwerk/Default.aspx.

[12] Vgl. Stefan Willeke: Die Königin der Flüsse. In: Die Zeit (18. Dezember 2021).

[13] Vgl. C. Mielach, G. Unfer, T. Friedrich und K. Pinter: Quantitative Fischbestandsaufnahme in der Oberen Mur zwischen Stadl und Knittelfeld. Universität für Bodenkultur Wien, Department Wasser, Atmosphäre, Umwelt – Institut für Hydrobiologie und Gewässermanagement 2013.

→ Beatrice Bucher, Christine von Raven, Yannik Plachtzik
(Ausstellungsgestalterin, Klimaingenieurin, Landschaftsarchitekt) entwickeln als Agency Apéro investigativ, kooperativ und atmosphärisch Strategien für urbane Transformationen. Gemeinsam studierten sie Architektur an der Kunstakademie Stuttgart (M.A.) mit Fokus auf Stadtentwicklung und Theorie. Unter anderem erhielten sie den dritten Preis beim Global Schindler Award 2019. Aktuell beschäftigt sich die Agency Apéro mit urbanen Gewässern, der Aktivierung der *Neckarinsel Stuttgart* (Pilotprojekt der nationalen Stadtentwicklungspolitik) und dem investigativ-performativen Projekt *Wir wollen baden*.

WELT
+ MODELL

→ Mock-up
Demonstrativbau, Pilotprojekt
Ein Modell ist eine pragmatisch (auf relevante
Eigenschaften) reduzierte (verkleinerte) Ab-
bildung. Ein Modell ist ein Muster, das ver-
vielfältigt wird. Ein Modell ist eine Person, die
beispielsweise einem Künstler als Vorlage dient.
Ein Modell ist ein gedankliches Konstrukt
natürlicher oder gesellschaftlicher Phänomene.
Diese und andere Modelle gilt es zu erkunden.

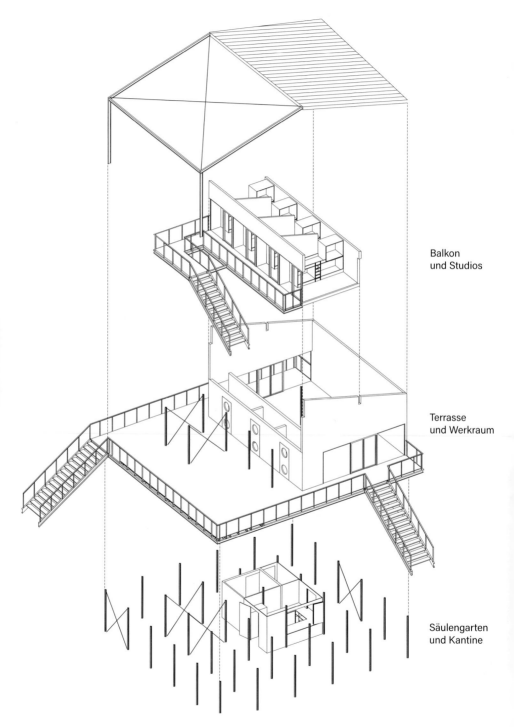

Welt + Modell

Balkon
und Studios

Terrasse
und Werkraum

Säulengarten
und Kantine

Das Halbe ist das Ganze

Die Architektur, die wir bauen, ist ein Hybrid, ein Zwischending, etwas Vermischtes

Wir bauen einen großen Tisch, der Maßstab ist maßlos. Der Tisch bietet Schutz und spendet Schatten für viele Sommeraktivitäten und eine Kantine. Auf dem Tisch steht ein schlichtes Holzobjekt, nutzungsoffen und mit sehr spezifischen räumlichen Qualitäten. Diese Architektur ist keinesfalls ein Container, auch keine Urhütte[1], sondern ein Modell, das die Fähigkeit hat, sich im Lauf der Zeit zu verändern, sich zu erweitern oder umzuziehen, den Ort zu wechseln. Ein Rohbau, der das Prozesshafte der Architektur, des urbanen Kontextes und des öffentlichen Bedürfnisses demonstriert.

Im schrittweisen Wechselspiel zwischen dem urbanen Kontext, unterschiedlichen Nutzungsperspektiven, den bautechnischen und finanziellen Möglichkeiten sind jeweils konkrete Einfälle dazwischen- und dazugekommen: Programm und Bauwerk waren von Anfang an untrennbar verwoben.

Das Besondere am „euro-asiatische Schrein", wie wir diese Architektur gelegentlich nennen, ist, dass er vieles nicht hat: keinen Keller, keine Wärmedämmung, keine verklebten Bauteile, er bricht mit dem Topos des Hauses. Wir lassen die Hälfte des Hauses weg, wir subtrahieren diesen Raum. Die leere Hälfte ist anwesend als Leerraum, Freiraum, durch dünne Stahlprofile umschrieben. Dies bietet die Möglichkeit, weiterzubauen und eine Fortführung anzudeuten. Die Halbierung war außerdem eine Möglichkeit, die Baukosten zu senken, ohne das ganze Objekt als Miniatur zu errichten.

Material-Angelegenheiten
Die Spielwiese des Clubs ist rund 4.000 m² groß, mehr als 200 m² davon sind witterungsgeschützt. 36 Stahlstützen tragen eine hybride Plattform aus Stahl und Holz, auf der ein halbes, zweigeschoßiges Holzhaus (17) mit 110 m² Nutzfläche steht. Die Bauzeit des Clubs Hybrid betrug zwei Monate – vom Spatenstich am 12. April bis zur Eröffnung am 10. Juni 2021.

Auch das statische System wurde dem Budget angepasst. Anstelle einer beinahe stützenfreien Konstruktion mit dementsprechend aufwendiger Fundierung wurden viele filigrane Stahlstützen verwendet. So reduziert, dass man durch die Stützen durchsehen kann. Jede Stütze besteht aus vier verschraubten L-Winkeln. Der Stahl ist roh, keine Verzinkung, keine Beschichtung, einfach Stahl.

Den Nukleus der überdachten Ebene 0 bildet die offene Kantine (23) mit dazugehöriger Infrastruktur wie Lager und WC (öffentliche Bedürfnisse) (44). Die Fläche rundherum ist Gastgarten, Vortrags- und Konferenzraum, Konzerthalle, Tanzfläche und mehr. Das Haus zieht keine Grenze. Bei den Veranstaltungen: ein Kommen und Gehen. Kleine Gruppen im Nahbereich, die jeweils bewusst oder unbewusst ihren Abstand zum Fokus der Kantine gewählt haben und sich im nächsten Moment neu konfigurieren können.

Über zwei Außentreppen (Stahltreppen mit Holzstufen) an der West- und Nordseite gelangt man auf die Ebene 1. Immer ist es wichtig, dass es zwei Treppen gibt. Freiheit fängt wie im wirklichen Leben mit zwei voneinander unabhängigen Treppen an. Sie haben eine Doppelfunktion als Auf- und Abgänge und als Sitzgelegenheiten, eine Arena im Kleinsten. Ein halbes Haus aus Brettschichtholz steht da. Seine zweite Hälfte wird von Stahlträgern nachgezeichnet, die eine Terrasse begrenzen. Die Holzelemente sind unverkleidet, die Türen zu den drei Sanitärräumen sind aus dem gleichen Material. Über Stahl und Holz hinaus taucht hier Farbe auf: Die Rahmung der Eingänge in den Werkraum ist erikaviolett – als Zeichen der Besonderheit oder Irritation. Auch die Eingänge zu den vier Studios auf der Ebene 2 sind in dieser Farbe beschichtet. Eine weitere Stahltreppe führt von der Terrasse nach oben und bietet unerwartete Sichtbezüge zur Stadt und zu den Hügeln des Grazer Beckens, stets gerahmt von der Zeichnung der zweiten Haushälfte. Die Studios vervollständigen das Programm des nutzungs-offenen Gebäudes, sie sind „Pension" für bis zu 8 Gäste und mit einem Hochbett-Einbau (15) inklusive Stauraum ausgestattet – ein Schlafwagenabteil ohne Schienen.

Gesichter und Fassaden
Im Westen hat sich der Hauptzugang etabliert, da die meisten Menschen von der Herrgottwiesgasse zum Club kommen. Die Leuchtschrift CLUB HYBRID (43) ist auf der linken Seite wie eine Beschriftung der leeren Hälfte des Hauses situiert.

Katharina Urbanek und Milan Mijalkovic haben mit ihrer Installation Poly Plot (38) an der Westseite weitergebaut. Sie applizierten 85 sogenannte Nasenschilder, bekannt als Werbeträger von Immobilienmaklern im Straßenraum. Das automatisiert hergestellte Fertigprodukt wird in zwei Standardgrößen kombiniert. Anstatt mit Werbebotschaften lediglich weiß bedruckt, formen die Schilder eine vertikale Landschaft, die sich den Wünschen und Projektionen der Betrachter:innen öffnet.

Im Osten werden die Grundbedürfnisse bedient, die Infrastruktur-Seite versorgt den Club mit Lager, Toilette, Infowand und Kräutergarten.

Im Norden öffnet sich das Haus, die großformatigen Fensterelemente der Studios auf Ebene 2 befinden sich auf der Schattenseite, die Räume werden daher nicht überhitzt. Auf Ebene 1 erzählt Franz Konrad in seiner Wandmalerei vom *Aufstieg durch Abstieg* (24). Die Montage der *Hans-Hollein-Tür*[2] (29) an der nördlichen Außenseite der Ebene 0 halluziniert vielleicht: Hier ist der virtuelle Eingang in einen „anderen Club". Dort ist ein anderes Outfit gefragt.

Im Süden verschließt sich das Haus, lediglich das Dach tanzt aus der Reihe und lenkt das Regenwasser weg vom Gebäude: bei Starkregen ein mächtiger Wasserfall, bei Sonnenschein ein freches Zwinkern. Folke Köbberling hat mit ihrer Intervention *Der Wolf im Schafspelz* (26) dem Objekt eine spezifisch weiche Oberfläche hinzugefügt. Sie „verkleidet" die Architektur mit Schafwolle und verwandelt dadurch ein Abfallprodukt zu einem Rohstoff und zu Baumaterial.

Rück- und Ausblick
Im Rückblick – nach dem dichten Sommerprogramm 2021 – lässt sich sagen: Es entstand ein benutzbarer Rohbau, der mit einem Minimum an verbrauchten Mitteln ein Maximum an urbanen Spielräumen und Aufmerksamkeiten einbrachte und in den 66 Spieltagen seinen Praxistest bestanden hat. Der hybride Ansatz des Clubs besteht auch darin, dass er die Grenzen zwischen Planung, Kultur, Politik, Entertainment, Diskurs, Kritik, Party offen hält. Was sich in der Offenheit der Architektur artikuliert, ist eine „Mikro-Urbanität" als Impuls und als Angebot für die Stadt und die Menschen. Im Sommer 2022 wird das Club-Leben auf der „Herrgottwiese" fortgesetzt.

↓ *Situationsplan Club Hybrid, 2021*
   Die Nummern beziehen sich auf die Objektsammlung am Schutzumschlag des Buches

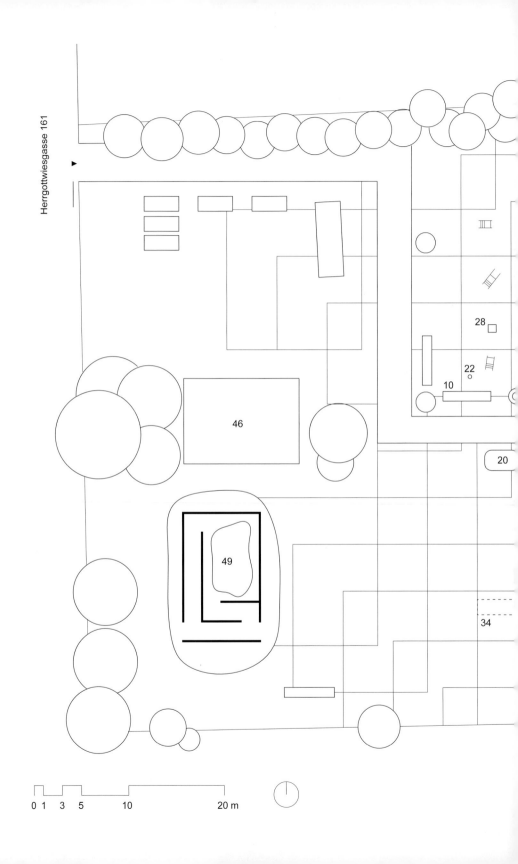

Herrgottwiesgasse 161

46

49

28

22

10

20

34

0 1 3 5   10   20 m

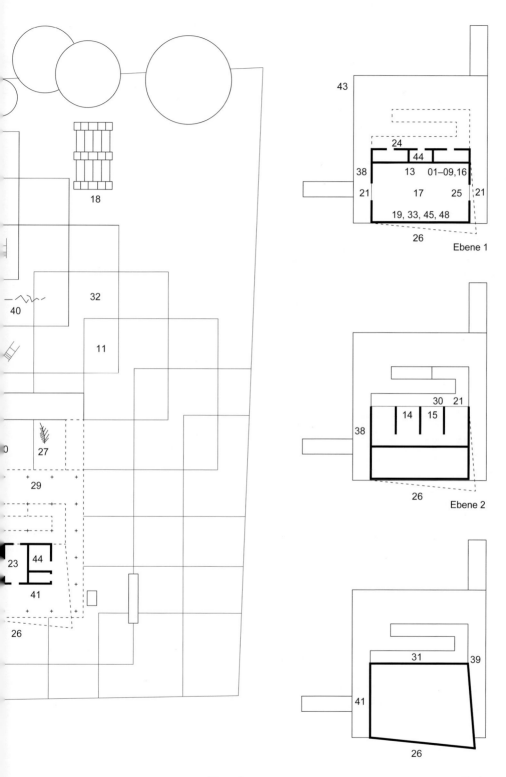

43

24

44

38　　　13　　01–09,16

21　　　17　　25　　21

19, 33, 45, 48

26

Ebene 1

18

32

40

11

27

29

23　44

41

26

30　21

14　15

38

26

Ebene 2

31　39

41

26

Ebene 0

Dach

Welt + Modell

[1] „Diogenes wohnt in der Tonne, er lebt in einem Fass. Er ist ein Fass, er erfasst alles, er ist auf alles gefasst, ein Weiser. Dem Weisen ist nichts fremd und unzugänglich. Er kann seine Tonne überall hinrollen. Überall ist er zu Hause, ein Weltenbürger. … Der Container scheint provisorische Architektur zu sein. Architektur jedoch kann er nicht ersetzen, nur andere Container, Räume, die zu bloßen Behältern geworden sind. Architektur ist unersetzlich und strenggenommen unverwüstlich: Wohnen in der ‚Urhütte' Welt." Hannes Böhringer: Orgel und Container. Berlin: Merve 1993. S. 7–13.

[2] Die Tür wurde 1969 von Hans Hollein für Svoboda Büromöbel in der Halbgasse 3–5, 1070 Wien entworfen. Von 2018 bis 2019 war es die Eingangstür für den Projektraum halfway (Christina Nägele, Heidi Pretterhofer, Christian Teckert. https://www.halfway.at). 2021 sollte die Tür aufgrund eines Umbaus entsorgt werden. Wir haben sie adoptiert und im Club Hybrid eingebaut.

Architektur:
Heidi Pretterhofer, Pretterhofer Arquitectos, Michael Rieper, MVD Austria

Mitarbeit:
Beatrice Bucher, Michael Haas, Pretterhofer Arquitectos

Tragwerksplanung:
Peter Bauer, Jakob Fischer, werkraum ingeneure

Bauphysik:
Ulrich Pont, TU Wien

Baumeister:
Thomas Teubl, Patrick Rechberger und Team, Steirerhaus Teubl & Teubl Bauges.m.b.H.

Stahlbau:
Peter Gatter und Team, PEGAPOOL

Ausbau:
Franz Kohlbacher und Team, Rundholz Bau GmbH

Tischler:
Albert Serschen und Team, Hobel und Späne AS GmbH

Sanitär:
Andreas Kampfl HKLS GmbH

Elektro:
Familie Böck, Böck & Berger Elektroinstallationen GmbH

→ *24/7*
Entwicklung des Clubs Hybrid vom Fundament bis zum Winterschlaf, 16. April bis 9. Dezember 2021
© Webcam Wolfgang Reinisch

↓ *Spielwiese*
Sonnendeck (10), Rasenraster (11), Feuerkreis (12), Ernteleitern (42), Juni 2021
© Wolfgang Thaler

↑ *Das halbe Haus*
Westseite, Juni 2021
© Wolfgang Thaler

→   *Säulengarten (37) mit Kantine (23) und öffentlichen*
Bedürfnissen (44)
Ebene 0, Juni 2021
© Wolfgang Thaler

Welt + Modell

↑ *Studio 2*
Mit Hochbett (14), Re-Use-Vorhängen (15) und
erikavioletten Fenstern (21)
Ebene 2, 2021
© Wolfgang Thaler

→ *Werkraum*
Mit Leihgaben der Nachbarschaft (01–09),
Bücherwand (13), erikavioletten Fenstern (21),
Prototyp für Platform Austria (25),
Ausstellung Mobiles Graz (45)
Ebene 1, 2021
© Wolfgang Thaler

Welt + Modell

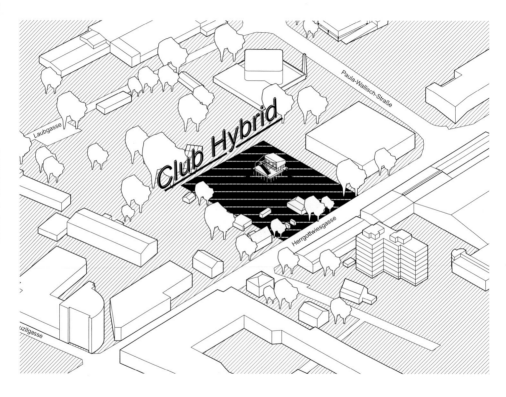

Club Hybrid – a model „meant to be lived in"[1]
Emily Trummer

Ein Architekturmodell, 20 m lang wie breit und 10 m hoch, steht an der Grenze der Grazer Bezirke Gries und Puntigam. Der hybride Demonstrativbau befindet sich auf einer großen Wiese und fügt sich im Maßstab 1:1 der Stadt ein. Freigestellt im eigenen Kontext, so wirkt der Club Hybrid nicht nur auf sich selbst, auf das Feld, auf dem er steht, er wirkt auch auf die umliegenden Funktionsräume der urbanen Zone. Besucht man Nachbarin Maria im sechsten Stock des Wohnturms gegenüber und blickt man über die blühenden Obstbäume auf ihrem Balkon hinweg, so erkennt man weit unten, winzig, dieses Stadtspielzeug. Erklimmt man die Steigleiter auf das Flachdach des angrenzenden Gewerbebaus, so ist man dem Club Hybrid schon näher, beinahe kann man ihn berühren. Noch nicht wirklich fassbar, doch es tummeln sich Besucher:innen um das Stadtmobiliar. Sie laufen hinein, hinaus, bleiben stehen, setzen Gegenstände in Bewegung, platzieren diese neu. Bewegungsabläufe hinterlassen Spuren, die Wiese wird getreten, die Türen werden geöffnet, ein Mikrofon wird für Ansagen genutzt, die Fahne am Ende der Treppe platziert. Will man nun selbst in das Objekt eingreifen, so begegnet man dem Modell als Besucher:in vorerst in der Sockelzone. Eingeladen von großzügigen Treppenaufgängen, sollen sich die Stadtbewohner:innen mit dem Außen- und Innenraum des Baus vertraut machen.

Immun ist der Club Hybrid nicht, ganz im Gegenteil, er ist angreifbar. Diese Greifbarkeit macht ihn zur Plattform und Schnittstelle, sie ermöglicht jedem Individuum, in einen Dialog zu treten. Es wird kommuniziert – mit dem Modell, mit einem Teil des Modells, mit sich und dem Modell, mit sich, jemand anderem und dem Modell, aber auf keinen Fall ohne das Modell. Denn es ist ein Kommunikations- und Arbeitsmodell. Es nimmt auf und es gibt ab. Datenaustausch. Das Hin- und Her-Rauschen von Informationen ist Paradigma einer Stadtsituation. Die jeweiligen Zustände des Modells stellen lediglich eine temporäre, im Wandel begriffene Materialisierung dar, das Festhalten eines Zeitpunkts. Wird die Situation eine andere, so verändert sich auch die materielle Beschaffenheit: Fühlen sich die Besucher:innen entblößt, so ziehen sie den Vorhang zu. Brennt die Sonne herab, so sichern sie sich einen Schattenplatz

Club Hybrid und seine Nachbarn
Isometrie

in der Kantine. Kommt der Winter, so wird eine Schicht Dämm-material angebracht. Ob sich das Modell den Menschen oder die Menschen dem Modell anpassen, bleibt unklar.

Die Frage „Was war zuerst da – die Zeichnung oder das Modell?" ist hier überflüssig. Der finale architektonische Entwurf ist eine unveränderbare, auf Plänen festgemachte Idee. So finden alle im Entwurfsprozess entstandenen Möglichkeitsräume ihr abruptes Ende, sobald es zur Materialisierung kommt. Das Arbeitsmodell hier bricht diese Deadline der Architektur. Die „Lifeline" des Clubs Hybrid verspricht einen zukunftsorientierten, offenen und reaktiven Umgang mit dem geplanten Raum. Das Modell in seinem physischen Dasein fungiert als Instrument, um Verän-derung zu vermitteln und zu provozieren. Widerstand ist nur dort legitim, wo Kraft zurückwirken kann, also dort, wo Eindrücke Platz finden, sich zu artikulieren, materiell wie im-materiell. Das Arbeitsmodell ist Prüfer dieses Wirkens. Verortet in der Herrgottwiesgasse 161 eröffnet sich ein Raum, den wir über all unsere Sinne aufnehmen: Wir spüren ihn, wenn wir das kalte Eisengeländer umfassen und uns auf die sonnengewärm-te Holzstufe setzen. Wir hören ihn, wenn jemand die Treppen auf und ab läuft. Wir riechen ihn, wenn das Harz aus seinen Fugen quillt. Wir schmecken ihn, wenn wir unseren Kaffee aus der Kantine trinken. Wir sehen ihn, bei Tag und auch bei Nacht. Der Club Hybrid ist präsent – das ist sicher.

Über die körperliche Wahrnehmung hinaus stellt das Programm des Clubs Hybrid Bezüge zu Visionärem her – Utopien der Kunst, des Schauspiels, der Musik, der Politik scheinen hier ortsgebunden. In verpflichtender Abhängigkeit zwischen Greifbarem und Ungreifbarem entsteht ein Zwischendrin, eine Heterotopie, die soziokulturellen Konstrukten Freiraum gibt. Auf der Webpage findet man die künftigen Ereignisse gelistet. Der Veranstaltungskalender verspricht vielfältige Sehnsuchts-momente. Ob beim *Sweet Spot Yoga*, dem Screening von *Selling Dreams* oder beim *Freibadfritten Kiosk*, hier trifft man sich und agiert. Nachbarschaft etabliert sich: Sie spricht, artikuliert, handelt und nimmt Raum ein. Das Heterotopiemodell fungiert als Erweiterung des schon Dagewesenen, des sinnlich Fassbaren sowie Vorgestellten, im selben Raum, gebunden an denselben Ort.

Das Modell ist ein Hybrid. Unwillkürlich findet jedes Element seinen Platz. Vermischt, aber bestimmt. Jeder Partikel ist autark, jeder Partikel ist Teil des gemeinsamen Ganzen. Die Gesamtheit, so die Mereologie[2], ist durch die Wechselbeziehung ihrer Teile bestimmt. Entitäten in unbeirrter Bewegung. Transfer, Rückkopplung, Verknüpfung. Eine Ansammlung diskreter Stadtpartikel. Einheiten, deren Ursprung sich nicht aus einem vordefinierten Ganzen ableitet, sondern durch die Teilhabe einzelner Realitäten bedingt ist. Die Autonomie des Partikels artikuliert sich im Kontext innerer Zusammenhänge. Unweigerlich koexistieren Elemente unterschiedlicher Dimensionen. Begegnungsräume werden geschaffen. Das Teilemodell erlaubt unbegrenzte Permutationen und Rekombinationen der Stadtgesellschaft. Das Resultat: fortwährende Anpassung, Nachhaltigkeit. Das mereologische Konzept greift auf den materiellen Stadtraum über. Partikel sind in Bewegung, sie kommunizieren miteinander, werden sichtbar und erfahrbar: Der Schriftzug CLUB HYBRID, ans Geländer des ersten Stockwerks montiert, repräsentiert den Bau. Die Hollein-Türe wird geöffnet, jemand spaziert hindurch, lässt sie hinter sich zufallen. Hausmeister Manu blickt durch die erikavioletten Fenster. Der Traveller's Tree wird gegossen, damit er sich jeden Tag mehr in Richtung Himmel strecken kann. Das blaue Fahrrad wird an der Spitze der Ernteleiter platziert. Am Ende versammeln sich alle um den Feuerkreis. Kommt man an, so ist man Teil der Intervention, ein Partikel des Ganzen.

Materielles und Immaterielles in Kommunikation. Muster manifestieren sich, passen sich dem Kontext an. Sie dehnen sich aus, sie nehmen sich zurück, sie verschwinden und tauchen wieder auf. Momente im Begegnungsmodell generieren Reize. Erregt agieren Partikel als Teil des Organismus, eines kontinuierlichen Wandels. Die im Vorfeld als offen definierte Plattform nimmt im Verlauf ihrer Nutzung unterschiedliche Zustandsformen der Angleichung an. Häufig findet Irritation statt. Partikel werden ihrer ursprünglichen Funktion entrissen, Objekte werden entstellt, Verhältnisse verzerrt. So wird der Balkon des Clubs Hybrid als Büro genutzt. Der Gast platziert einen kleinen Tisch mit Stuhl vor den Studios im Obergeschoß. Schon wird der Außenraum zum Arbeitsplatz und zugleich zur Tribüne, denn man kann das Fußballmatch der Grazer Architekturstudent:innen am Rasen mitverfolgen – oder auch zur Bühne, denn auch das Office entfaltet sich so vor den Augen der anderen. Wieder und wieder formieren sich – vorerst unbekannte – Erweiterungsräume im Arbeitsmodell neu. Es gibt keine Protagonist:innen und keine Nebenrollen, ein und dasselbe Partikel kann eine Vielzahl an unterschiedlichen Positionen einnehmen. Die flache Hierarchie ermöglicht es jedem Partikel, für sich selbst zu stehen, seine eigene Realität zu produzieren, als eigenständiger Teil des Systems zu fungieren.

Die Stadtgeschichten finden ihren Ausdruck in Momenten der Verflechtung. Wiederholte Identifikationen mit dem Ort führen zu seiner Aneignung. Das Modell, eine Komposition rekonfigurierter Vernetzungspunkte, ein Versuch experimenteller Gestaltung. Die Durchlässigkeit des Untersuchungsmodells sowie das Bekenntnis der Teilhabenden fordern ein kontinuierliches Engagement und Courage, sich in die alltägliche Praxis der Nutzung einzubetten. Durch das Satellitenmodell Club Hybrid finden sich sonst zentral in der Stadt angelegte Kulturräume in der Peripherie wieder. Als artifizielles Zustandsmodell in den stets anwachsenden Speckgürtel der Stadt eingebaut, macht dieser Fremdkörper die Herausforderungen der expandierenden und produktiven Stadt deutlich, konfrontiert das Umfeld und seine Bewohner:innen auch mit den Dysfunktionalitäten der gegebenen Raumstruktur. Bestehende Kämpfe um Grund und Boden werden sichtbar und sie werden thematisiert, Exklusion gesellschaftlicher Gruppierungen wird spürbar und sie wird diskutiert. So hält der mutwillig verankerte Club Hybrid nicht nur Platz frei, sondern eröffnet auch die Auseinandersetzung mit virulenten Themen vor Ort.

Überblickt von den Initiativen des Graz Kulturjahres 2020 wird versucht, sich elitären Gepflogenheiten des Kulturbetriebs zu entziehen und diesen mit niederschwelligen Angeboten entgegenzutreten. Man klopft an die Türen der Nachbarschaft, stellt sich vor und lädt sie ein. Anfänglich hält sich die Resonanz in Grenzen, die Barrieren, die es zu überwinden gilt, werden spürbar. Eine Irritation, ein Zustand der Verunsicherung. Der städtische Organismus muss ebenso wie die Modellfunktionen immer wieder aktiviert werden.

Befreit von den modernistischen Vorstellungen einer durch Proportionen und Hierarchien bestimmten Raumgestaltung und losgelöst von der Idee einer übergeordneten Top-down-Organisation, hält das diskrete Stadtmodell an einem auf Bewegung und Begegnung ausgerichteten Architekturgebrauch fest. Nach und nach können sich die einzelnen Partikel in ihrem städtischen sowie gesellschaftlichen Umfeld einrichten und formieren, um die komplexen Umgangsformen der urbanen Struktur zu erkunden, auszureizen und den jeweiligen Bedürfnissen folgend anzupassen. Der Versuch, ein in diesem Sinne funktionierendes und sich selbst erneuerndes Architekturmodell zu schaffen, ist noch nicht abgeschlossen.

[1] Friedrich Kiesler: Meant To Be Lived In. In: LIFE Magazine 32 (New York, 26. Mai 1952).

[2] Die Mereologie (griech. μέρος meros ‚Teil') ist ein Teilgebiet der Ontologie und der angewandten Logik und befasst sich mit dem Verhältnis zwischen Teil und Ganzem. Vgl. Mereologie. Wikipedia. Zugegriffen am 2. April 2022. https://de.wikipedia.org/wiki/Mereologie.

→ Emily Trummer
begann 2015 ein Architekturstudium an der TU Wien. 2020 folgte der Master-Abschluss (MA) am UCL, Bartlett („Digital Pavilion: An Investigation of a new Building Type" bei Prof. Mario Carpo). Sie nahm an internationalen Workshops, wie etwa „Urban Planning" am BEST (Winnyzja, UA), „Critical Writing" an der AA Visiting School Paris, sowie an Ausstellungen teil, u. a. an „Performing Jaroslavice" 2018 und „Review'21". Aktuell absolviert sie ein Masterstudium (MSc.) an der TU Wien und ist für Schenker Salvi Weber Architekten tätig.

MIT DEN DINGEN SPIELEN

→ Material-Angelegenheiten
Re-Use / Mis-Use
Ein freier, spielerischer Umgang mit Objekten,
Materialien und Strukturen evoziert Inhalte
und Formen. Durch intelligentes und spekula-
tives Falsch-Lesen können außerordentliche
Standpunkte und Rollen eingenommen
werden – Unterhaltung ist „part of the game".

Mit den Dingen spielen

Wir wissen es nicht so genau, aber wir probieren es aus!

Die Premiere des Clubs Hybrid inklusive Nachbarschaftstrophy[1] (01–09, 39) fand am 10. Juni 2021 statt. Bis einschließlich 15. August 2021 war der Club nie allein: „Architecture, buildings without people are ruins."[2] 24 Stunden am Tag, 7 Tage die Woche wurde hier gewohnt, gearbeitet und Zeit verbracht. Für kulinarische Unterhaltung in der Kantine (23) sorgten Consommé. Die folgenden Formate gliederten den Wochenplan:

Nachhilfe
Montag
Vorträge, Diskurs, Theorie

Talking Heads
Mittwoch
Moderierte Diskussionsrunden zu dringlichen Fragen

Überraschungsei
Donnerstag
Open Stage für Projekte des Graz Kulturjahres 2020

Großes Theater
Freitag
Performative Formate von E bis U, Konzerte, Lesungen

Spielwiese + Club-Sandwich
Samstag
Sportliche, spielerische und kulinarische Aktivitäten

Kino
Sonntag
Spielfilme, Dokus, Soaps

[1] Personen aus Gries und Puntigam wurden eingeladen, dem Club Hybrid Trophäen als Leihgaben zur Verfügung zu stellen, die davon erzählen, wie in der Nachbarschaft gelebt und gearbeitet wird.

[2] Yona Friedman: What is architecture? Interviewt von Erik Czejka. Video, 2018. Zugegriffen am 10. Oktober 2021. https://www.whatisarchitecture.cc/yona-friedman-vienna-2018.

← *Wir spielen Eröffnung, öffentliche Begehung* Drohnenflug, 25. Juni 2020, © Ralo Mayer

Die Gäste des Clubs kamen im Sommer 2021 aus den Bereichen Architektur, Film, Geschichte, Kulinarik, Kunst, Medien, Musik, Sport, Theater, Theorie, Philosophie, Unterhaltung und Urbanismus. Ihr gemeinsamer Nenner ist die kritische Leidenschaft für urbane Befindlichkeiten jeglicher Art.

Agency Apéro
Kollektiv für Architektur, Stadt und Transformation
Beatrice Bucher, Christine von Raven und Yannik Plachtzik

AKT
Verein für Architektur, Kultur und Theorie
Thomas Amann, Lukas Antoni, Fabian Antosch, Jerome Becker, Gerhard Flora, Alex Gahr, Max Hebel, Adrian Judt, Katharina Kircher, Julia Klaus, Lena Kohlmayer, Teresa Köhler, Philipp Krummel, Gudrun Landl, Lukas Lederer, Susanne Mariacher, Philipp Oberthaler, Charlie Rauchs, Helene Schauer, Kati Schelling, Philipp Stern, Harald Trapp

asphalt-kollektiv
multidisziplinäres Kollektiv für Architektur, Kunst und Kultur
Natascha Peinsipp und Felix Steinhoff

Matthäus Bär
Musiker

Bri Bauer
Musikerin, Love is Strange

Peter Bauer
Bauingenieur, werkraum ingenieure ZT, Univ.-Professor für Structural Design am Institut für Architekturwissenschaften, TU Wien

Martin Behr
Journalist, Herausgeber, Kurator und Künstler

Stipe Bilić
Pianist

Sabine Bitter,
Künstlerin, URBAN SUBJECTS

Mark Blaschitz
Architekt, SPLITTERWERK, Prof. für Wohnbau, Grundlagen u. Entwerfen, Fachgruppe Architektur, Staatl. Akademie d. Bildenden Künste Stuttgart

Markus Bogensberger
Architekt, Baukulturkoordinator Land Steiermark

Brauchst collective und NEED immersive reality
Kreativ- und Extended Reality (XR) Studio

Reinhard Braun
Kunsthistoriker, Kurator, Leitung Camera Austria

Eva Brede
Leiterin kunstraum_8020

Christoph E. Bus
Architekt und Medienkünstler

Cafe Wolf
Musikclub und place to be

Cooks of Grind
Männerkochverein

Daily Rhythms Collective
transdisziplinäres Kunstkollektiv
Katcha Bilek, Daniela Brasil, Otto Oscar Hernandéz, Hyo Jin Shin, Peninah Lesorogol

Der Jodlklub
Johanna Milz, Elisabeth Gabriel, Liese Lyon

Aglaee Degros
Architektin und Stadtplanerin, Univ.-Professorin am Institut für Städtebau, TU Graz

Manfred Eber
Gemeinderat Stadt Graz

Oliver Elser
Architekturkritiker, Kurator und Journalist, Deutsches Architekturmuseum (DAM), Frankfurt am Main

Beate Engelhorn
Architektin und Kuratorin, Leiterin HDA Graz

eSeL
Künstler, Kurator, Fotograf und Kommunikator
Lorenz Seidler

Euroteuro
Musikduo
Katarina Maria Trenk und Peter T.

Andreas Flora
Architekt, Assoz. Professor am Institut für Gestaltung, Universität Innsbruck

Anita Fuchs
Künstlerin

Andreas Goritschnig
Architekt, STUDIO AG und Breathe Earth Collective

Kristina Gorke
Künstlerin und Sängerin, Verein accomplices

Grazer Soundscape-Orchester
Musikduo, Margarethe Maierhofer-Lischka
und Martin Rumori

Benjamin Grilj
Historiker und Philosoph, Institut für
jüdische Geschichte Österreichs

Tanja Gurke
Kunsthistorikerin,
Geschäftsführerin Grazer Kunstverein

Bettina Habsburg-Lothringen
Historikerin und Museologin, Leiterin der Abteilung
Kulturgeschichte am Universalmuseum Joanneum

Daniel Hafner
Künstler

Eilfried Huth
Architekt

Peter Fattinger
Architekt, Fattinger Orso, Assoz. Professor am
Institut für Wohnbau und Entwerfen, TU Wien,
Gründer und Leiter des design.build studio

Fikret Fazlic
Imam, Islamisches Kulturzentrum Graz

Martin Fellendorf
Professor am Institut für Straßen-
und Verkehrswesen, TU Graz

Wolfgang Feyferlik
Architekt, Feyferlik / Fritzer

Susanne Fritzer
Architektin, Feyferlik / Fritzer

Frau Sammer
Musikband

Gazelle & The Bear
Musikduo
Ines Kolleritsch und Julian Berann

Graz Kulturjahr 2020 Team
Christian Mayer, Alex Piepam, Valerie Soran

GreyNote
Musikkollektiv

grrrls DJ Crew
Kulturverein
Gasolina & Uschi Ultra

**Valentina Gruber, Lena
Heinschink und Hanna Maresch**
Architekturstudierende

Vera Hagemann
Schauspielerin,
Zweite Liga für Kunst und Kultur

Negar Hakim
Architekturkritikerin und Kuratorin, Lektorin am
Institut für Kunstgeschichte, Bauforschung und
Denkmalpflege, TU Wien

Gabu Heindl
Architektin und Stadtplanerin, GABU Heindl
Architektur, Professorin für Städtebau an der
Technischen Hochschule Nürnberg

Pia Hierzegger
Schauspielerin, Drehbuchautorin,
Theater im Bahnhof

Otto Hochreiter
Kurator und Leiter des Graz Museums

Mario Huber
Autor, Zentrum für Kulturwissenschaften an
der Karl-Franzens-Universität Graz,
Literaturzeitschrift perspektive

Elisabeth Hufnagl
Stadtteilzentrum Triester

Bernhard Inninger
Leiter des Stadtplanungsamtes Graz

Ana Jeinić
Architekturtheoretikerin, Kulturschaffende
und Utopistin

Iris Kaltenegger
Architektin, Generalsekretärin Europan Österreich

Franz Kapfer
Künstler

Helmut Kaplan
Künstler und Musiker

Veronica Kaup-Hasler
Stadträtin für Kultur und Wissenschaft, Stadt Wien

Petra Kickenweitz
Architektin, Journalistin, Kuratorin, steppe architekten

Sarah Kieweg
Journalistin und Vermittlerin, Radio Helsinki

Orhan Kipcak
Multimedia-Autor, -Designer und -Produzent,
Lehrender am Bachelor-Studiengang
Informationsdesign, FH Joanneum Graz

KMT
Katarina Maria Trenk, Musikerin

Folke Köbberling
Künstlerin, Professorin für Künstlerisches Gestalten
am Institut für Architekturbezogene Kunst (IAK),
TU Braunschweig

Günter Koberg
Landwirt, ehem. Baukulturkoordinator Land Stmk.

Wolfgang Köck
Architekt, Pentaplan ZT GmbH

Rudolf Kohoutek
Stadtforscher, Urbanist, Theoretiker

Franz Konrad
Künstler

Gernot Kupfer
Architekt, Gründer MOJO Fullscale Studio NPO

Christian Landschützer
Professor am Institut für Technische Logistik, TU Graz

Anton Lederer
Kurator und Leitung < rotor > association for contemporary art

Stefan Lozar
Künstler

Margarethe Makovec
Kuratorin und Leitung < rotor > association for contemporary art

Klaus Meßner
Schauspieler, Zweite Liga für Kunst und Kultur

Werner Miedl
Politiker, Polizeibeamter, Gründer Wiki Steiermark

Milan Mijalkovic
Architekt, Künstler und Autor

Helge Mooshammer
Architekt, Autor und Kurator, Department für VISUAL CULTURE an der TU Wien, Co-Director CENTRE FOR GLOBAL ARCHITECTURE, Research Fellow at Goldsmiths College, University of London

Peter Mörtenböck
Kulturwissenschaftler und Kurator, Professor für VISUAL CULTURE an der TU Wien, Co-Director CENTRE FOR GLOBAL ARCHITECTURE, Senior Research Fellow am Goldsmiths College, University of London

Manuel Moser
Religionswissenschaftler / Change Management, Doktorand am Max-Weber-Kolleg, Universität Erfurt

Sabrina Münzer
Akad. Mitarbeiterin für Wohnbau, Grundlagen und Entwerfen in der Fachgruppe Architektur, Staatl. Akademie der Bildenden Künste Stuttgart

mur.at
Initiative Netzkultur

Neigungsgruppe O.K.
Kunstkollektiv: Martin Behr, Johanna Hierzegger, Markus Wilfling

OchoReSotto
Projektionskunst

Martin Osterider
Künstler

Keyvan Paydar
Künstler

Georg Pendl
Architekt, pendlarchitects, Präsident Architects Council of Europe (ACE)

Monika Pessler
Kunsthistorikerin und Kuratorin, Direktorin Sigmund Freud Museum, Wien

Petra Petersson
Architektin, Realarchitektur, Univ.-Professorin am Institut für Grundlagen der Konstruktion und des Entwerfens (KOEN), Dekanin der Architektur-Fakultät, TU-Graz

Norbert Pfaffenbichler
Künstler, Filmemacher, Kurator

Ulrich Pont
Bauphysiker, Senior Scientist am Institut für Bauphysik und Bauökologie, TU Wien

Nicole Pruckermayr
freischaffende Künstlerin und Kuratorin

Valerie Quade
Medienpädagogin, Sounddesignerin, Radio Helsinki

Peter Rantaša
Technikphilosoph, Coach für Kultur und Kreativwirtschaft, Künstler und Kurator, Koordinator Cognitive Science Research Platform, Universität Wien

Günter Riegler
Wirtschafts- und Kulturstadtrat der Stadt Graz

Nina Riewe
Projektleiterin IBA'27 Stadtregion Stuttgart

Drehli Robnik
Theoretiker in Sachen Film und Politik, Gelegenheitskritiker, Essayist und Edutainer

Ulrike Schartner
Architektin, gaupenraub +/-

Heidi Schatzl
Künstlerin

Schaumbad
Freies Atelierhaus Graz und Gäste
Keyvan Paydar, Reza Kellner, Michi Laab, Margarethe Maierhofer-Lischka, Jan Lovšin, Mathilde Vendramin, DJ Minibalu

Burkhard Schelischansky
Architekt, Büro SuedOst

Helmuth Scheuch
Bezirksvorsteher Puntigam

Lisa Schmidt-Colinet
Architektin, schmidt-colinet • schmoeger, Senior
Scientist am Institut für Kunst und Architektur
an der Akademie der bildenden Künste Wien

Stefan Schmitzer
Autor, Performer, Kritiker

Lotte Schreiber
Filmemacherin

Judith Schwentner
Stadträtin für Umwelt und Frauen, Stadt Graz

Anna Soucek
Architekturkritikerin und Journalistin, Ö1

Silvia Stecher
Textarbeiterin, Redakteurin Literaturzeitschrift
perspektive

Barbara Steiner
Kuratorin, künstlerische Leiterin Kunsthaus Graz

Edda Strobl
Künstlerin

Michael Stoiser
Architekt, Stoiser Wallmüller Architekten

Jaro Stone
Musikerin

Studierende der Baukunstklasse
Staatl. Akademie der Bildenden Künste Stuttgart

**Studierende des Instituts für
Architektur und Medien**
TU Graz

studio magic
Architekturkollektiv
Davide Barbieri, Maria Barbieri, Vanessa Hanni,
Thomas Kain, Thomas Kalcher, Peter Kanzler,
Max Kieninger, Christian Meixner, Stefania Monici,
Camilla Struklec, Judith Urschler, Patricia Wess

Surf Low x Dislike Dopamine
DJ

SWEET SPOT YOGA
Birgit & Mike

Christian Tippelreither
Geschäftsführer Holzcluster Steiermark

Georg Topf
Gemeinderat, Stadt Graz

Harald Trapp
Soziologe und Architekt, Gastprofessor am
Institut für Gestaltung, Universität Innsbruck

Tracing Spaces
interdisziplinäre Forschungsplattform zu den
Themen Stadt, Mobilität, Tourismus und Migration
Michael Hieslmair und Michael Zinganel

transparadiso
transdisziplinäre Plattform zwischen Urbanismus,
künstlerisch-urbaner Intervention und Architektur
Barbara Holub und Paul Rajakovics

Emily Trummer
Architekturstudierende

Evelyn Tschernko
Referentin für Kultur und Bildung, Afro-
Asiatisches Institut Graz

Andreas Türk
Senior Researcher bei Joanneum Research,
LIFE-Institut für Klima, Energie und Gesellschaft

Katharina Urbanek
Architektin, studio urbanek

Kai Vöckler
Gründer des Designinstituts für Mobilität und
Logistik (DML), Hochschule für Gestaltung
(HfG) Offenbach

Theresia Vogel
Geschäftsführerin des Klima- und Energiefonds
der österr. Bundesregierung

Fabian Wallmüller
Architekt, Stoiser Wallmüller Architekten

Helmut Weber
Künstler, URBAN SUBJECTS

Justin Winkler
Humangeograf und Musikologe, Professor
für humane Geografie der Kunst und
Geisteswissenschaften, Universität Basel

winwinoffice
Architekturkollektiv
Celia Cardona und Luigi Costamagna

wohnlabor
Verein zur Förderung des öffentlichen
Diskurses zum Thema Wohnen
Anna Jäger, Jomo Ruderer, Julia Fröhlich,
Martin Röck und Rebekka Hirschberg

Nina-Marie Wolf
Bezirksvorsteherin Gries

Joanna Zabielska
Urbanistin und Social Designerin,
mit Bita Bell, Shirin Farshbaf und Peter Oroszlany

WILDES KOMBI- NIEREN

→ Mischnutzung, Hybridität
Migrationsbewegungen
Die strenge Funktionstrennung der Moderne
entspricht nicht mehr den aktuellen Realitäten.
Viele Orte, viele Jobs, viele Beziehungen
charakterisieren die Biografien. Multiple Lebens-
orte, die zeitlich begrenzt diskontinuierliche
soziale Räume erzeugen, verhalten sich nicht
polar oder ausschließend zueinander, sondern
komplementär und setzen eine multilaterale
Wunschmaschine des Sowohl-als-auch
in Gang.

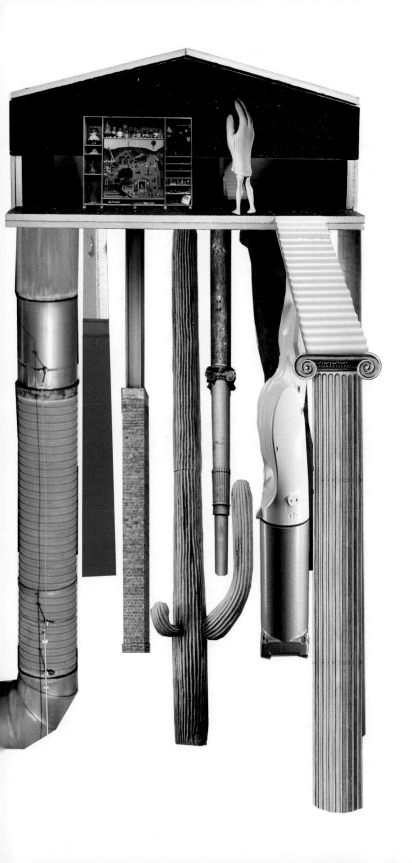

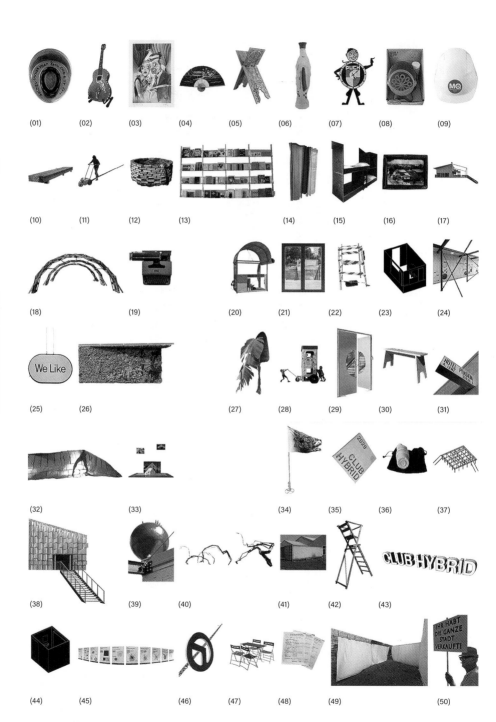

(01)　(02)　(03)　(04)　(05)　(06)　(07)　(08)　(09)

(10)　(11)　(12)　(13)　(14)　(15)　(16)　(17)

(18)　(19)　(20)　(21)　(22)　(23)　(24)

(25)　(26)　(27)　(28)　(29)　(30)　(31)

(32)　(33)　(34)　(35)　(36)　(37)

(38)　(39)　(40)　(41)　(42)　(43)

(44)　(45)　(46)　(47)　(48)　(49)　(50)

Etüden zur Hybridisierung

Wir füllen eine Waschmaschine mit verschiedenfarbigen Kleidern, Plastikspielzeug, Lebensmitteln, Waschpulver und starten einen Schongang.

Hybridisierung ist eine Alternative zu Reinheit. Der Club Hybrid umgeht Dichotomien in einer Praxis von Mischungen. Unsystematische Collagen. Bastelei. Modelle bauen. Bilder-Labor. Hip-Hop, vom Ding zum Bild und zurück.

Da passieren Türen, da schaut ein Fenster rein. Auch ein Fenster ist ein Raum. Da könnte ein Dach drüberkommen. Dach als Membran oder als Raum. Dach-Boden. Rede-Zeit verteilen. Diskurs-Konto. Unterbrecher:innen und Verbinder:innen.

Club Hybrid: ein Ort von Zufällen, Zufälligkeit als Methode – und damit automatisch auch Überraschung, aber auch Möglichkeit des Scheiterns, der Langeweile, der Unverständlichkeit. Den Ball flach halten.

← *Gefunden, geborgt, wieder-*
verwendet, neu gemacht
Objektsammlung im Club Hybrid
2021

Zwölf Wochengäste arbeiteten und lebten wochenweise oder über mehrere Tage vor Ort und entwickelten zu den sechs Themenfeldern standortspezifische Arbeiten für den Club Hybrid.

(49) *AKT. 4 Gast*
Hof-Installation
Kollektiv AKT
2021

WILDES KOMBINIEREN ist das Thema, zu dem das Kollektiv AKT in den Club Hybrid eingeladen wurde. *AKT. 4 Gast* ist dabei ganz dem Kerngedanken des Clubs Hybrid verpflichtet, etwas Widerständiges, Beständiges durch gemeinsames Bauen und Wohnen zu produzieren. AKT schenkt dem Club eine Herstellung und bringt einen Hof von Wien nach Graz. Der Gast-Hof, den AKT baut, stellt ein Tor und einen Ort her, der den Club Hybrid um sein Gegenteil ergänzt ... seine Wände bestehen überwiegend aus Luft. Gabionengitter aus Metall, ursprünglich militärische Schanzkörbe, heute beliebt zur Befestigung von Eigenheimgärten, werden ihrer Masse beraubt und bilden unbefüllt Wände und Decken des Gebäudes. Sie werden ohne Fundament auf den verdichteten und nivellierten Aushub des Clubs gestellt. Im Hof bleibt ein Hügel als Spitze des Aushubs.

(45) *Mobiles Graz*
Workshop und Ausstellung
Kai Vöckler / HFG Offenbach + Stoiser Wallmüller Architekten
2021

Der Ausbau der öffentlichen Mobilität im Zentralraum Graz ist eines der großen Zukunftsthemen der Stadt und Gegenstand einer aktuell leidenschaftlich geführten Debatte. In Kooperation mit der TU Graz und der Hochschule für Gestaltung in Offenbach am Main wurden Mobilitätszusammenhänge und damit verbundene Aspekte der Stadtentwicklung visualisiert sowie alternative Mobilitätsszenarien erarbeitet und im Club Hybrid ausgestellt. Bei einem Round Table, zu dem Vertreter:innen der Grazer Stadtpolitik und Expert:innen aus dem Bereich der Mobilitätsforschung geladen waren, wurde über die Zukunft der Mobilität im Großraum Graz diskutiert.

(33) *Alt-Neu-Haus*
Installation
Heidi Schatzl
2021

Eugen Székely/Szekey (1894–1962) emigrierte 1935 nach Haifa. Die einzigen in Graz von ihm erhaltenen Bauten sind die Doppelhäuser in der Grazer Amselgasse nahe des Clubs Hybrid. Heidi Schatzls Installation ging den Weg retour – von Israel nach Graz – und formulierte Erkenntnisse künstlerischer Forschung über die Häuser in Israel und Graz. Gezeigt wurden aktuelle Fotos der Häuser in der Amselgasse und ein anhand der Originalpläne nachgebautes Modell.

(46) *Ich bin mein Gefangener*
Archiv
Franz Kapfer
2021

Franz Kapfer bespielte das eingezäunte, ehemalige Gartenhaus am Gelände des Clubs Hybrid als Archivmagazin und machte auf dieser desolaten Bühne seine Rechtsextremismus-Sammlung zugänglich. Der Bestand umfasst Material zu den Covid-19-Demonstrationen des Sommers 2021, zu weltweiten rechten Strukturen und Neonazis. Als Archivar seiner Sammlung bot er tägliche Öffnungszeiten an, während dieser Zeit bewertete und erschloss er das Material.

(41) *Triester – Club-Hybrid-Edition*
Workshop und Fotoausstellung
Martin Behr + Martin Osterider
2021

Seit 2003 unternehmen Martin Behr und Martin Osterider unabhängig voneinander, aber in regelmäßigen Abständen fotografische Streifzüge durch ihren Heimatort, die Triester-Siedlung im Grazer Stadtteil Gries. Für den Club Hybrid weiteten die beiden ihre visuellen Recherchen räumlich auf das Umfeld des Demonstrativbaus aus. Die Ergebnisse wurden im Erdgeschoß des Clubs Hybrid an die Decke appliziert.

(24) *Aufstieg durch Abstieg*
Wandbild
Franz Konrad
2021

„Längst sind wir im Pyrozän angekommen. Neue Ernte- und Produktionsmaschinen wachsen richtungslos in den Raum. Shopping-Roboter sorgen für die geregelte Nachfrage in den menschenleeren Megastores. Gras und Fraßberge sind Teil einer Art Autokonsumationswelt. Humanoide Arbeitsmaschinen erfüllen dringende Wünsche von Business Angels.

Weltweit agierende Recyclingfabriken jagen nach wertvollen Rohstoffen." (Franz Konrad, 11. März 2022)

(19) *Die Fragemaschine*
Installation
wohnlabor
2021

Das wohnlabor baute dem Club Hybrid eine Fragemaschine. Sie betrachtete das Persönliche, die größeren Maßstäbe. Sie blickte zurück, ins Hier und Jetzt und in die Zukunft. Sie sammelte Meinungen, Ideen, Antworten und noch mehr Fragen – anregende, fordernde und unbequeme. Diskurse über Realitäten und Alternativen des Wohnens bestimmten das Tagesgeschäft.

(50) *BellVie*
Filmdreh
Lotte Schreiber
2021

Der Club Hybrid als Filmset. Eine Performance, ein Episodenspiel, ein Kurzfilm, der jene Mechanismen betrachtet, die Wohnraum systematisch zur Kapitalanlage der Reichen machen. Eine Woche wurde mit den Protagonist:innen Vera Hagemann und Klaus Meßner und zahlreichen Statist:innen im Club und an weiteren Orten in Graz gedreht. Abschließend wurde der Club zur Bühne einer szenischen Drehbuchlesung.

(38) *Poly Plot*
Installation aus 85 Nasenschildern
Katharina Urbanek + Milan Mijalkovic
2021

Poly Plot stellt die Frage des Weiterlebens im Demonstrativbau – nach möglichen Nutzer:innen und Orten, nach Fragmentierung und Neufügung, nach individuellen Wünschen und öffentlichem Auftrag. Die architektonische Intervention von 85 weißen Nasenschildern – normalerweise bedruckte Werbeträger von Immobilienmakler:innen – an der Westfassade des Clubs Hybrid projiziert eine vertikale Wunschlandschaft für Immobilienträume anderer Art.

(48) *47Nord15Ost*
Research und Ausstellung
winwinoffice
2021

Als Gewinner des Europan-15-Wettbewerbs zum Thema produktive Stadt für das Gebiet um die Grazer Puchstraße sowie die ehemalige Coca-Cola-Fabrik nahe des Clubs Hybrid stellten die Architekt:innen ihren Entwurf 47Nord15Ost zur Diskussion. Der Werkraum des Clubs Hybrid wurde zum Live-Showroom der Ergebnisse.

(26) *Der Wolf im Schafspelz*
Installation aus Schafwolle
Folke Köbberling
2021

Folke Köbberling experimentiert bereits seit Längerem mit Schafwolle, einem Werkstoff, der nicht mehr geschätzt wird und als Abfallprodukt gilt. In der Schafwolle sieht sie, im Unterschied zu den handelsüblichen Dämmplatten aus Styrodur und ähnlichen Kunststoffen, die in den nächsten Jahrzehnten als Berge von Sondermüll zu entsorgen sein werden, den idealen Baustoff zur energetischen Dämmung und plastischen Verhüllung von Gebäuden. Sie bekleidet die gesamte Südseite des Clubs mit roher Schafwolle, es entsteht ein wärmendes, subtiles Kunstwerk, das sich in den urbanen Kontext einmischt.

(20) *Freibadfritten Kiosk*
Wandernde Installation
Agency Apéro
2021

Für eine Woche wurde der *Freibadfritten Kiosk* die kleine Schwester des Clubs Hybrid. Während in der Mur und in privaten Pools der Badespaß den meisten verwehrt ist, wurden bei einer Portion Pommes Fragen zur Rolle und Zukunft des Wassers in unserer Gesellschaft gemeinsam erforscht. Mögen Sie lieber Ketchup oder Mayo?

↓ *Objekte der Wochengäste*, Seite 100–107

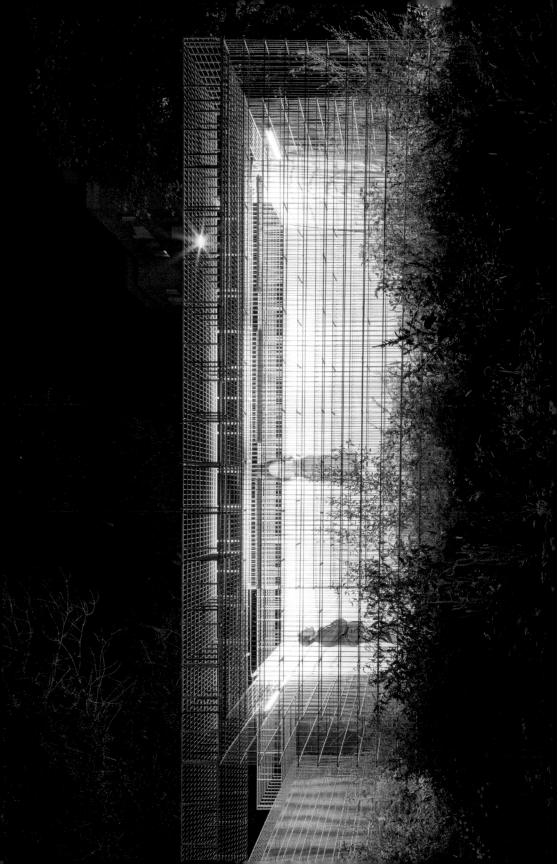

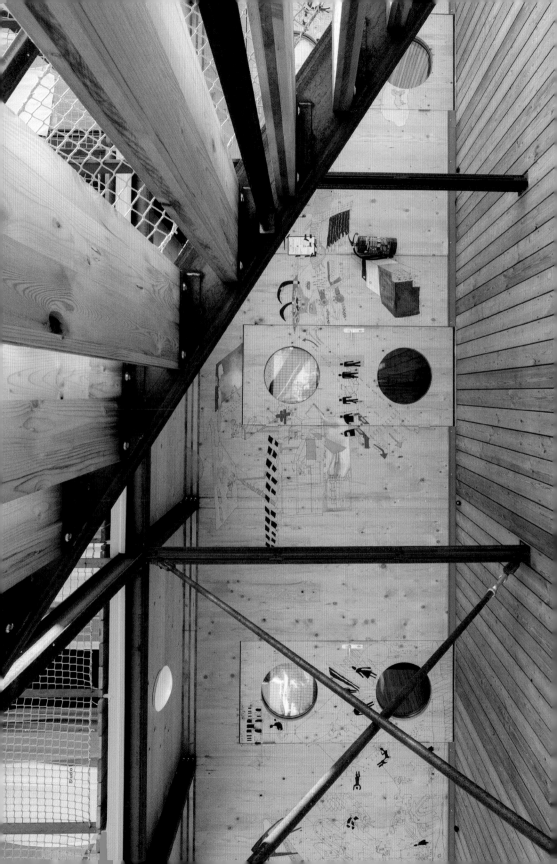

Paradigma Hybrid – eine Collage
Rudolf Kohoutek

„Versetzen, Einfügen, Einwachsen – das sind die Umschreibungen der Aufpfropfung als einer Agrartechnik, mit der seit der Antike im Obst- und Weinbau Pflanzen veredelt werden. Dabei ist die Aufpfropfung nicht nur ein Verfahren, um [...] Pflanzen zu hybridisieren und damit eine quantitative und qualitative Steigerung der Erträge zu erreichen, sondern das Pfropfen hatte auch immer schon einen spielerischen, einen experimentellen Charakter – und tritt somit als eine Form biologischer bricolage in Erscheinung."[1]

„Zugleich bringt die Kulturtechnik des Pfropfens einen Begriff der Schnittstelle ins Spiel, der ein weites Feld kulturwissenschaftlicher und medientechnischer Implikationen eröffnet. Die Schnittstelle steht [...] für die Notwendigkeit, ein ‚Dazwischen' (Debray) zu organisieren."[2]

„‚Dieses Dazwischen', so Debray, ‚ähnelt dem, was Bruno Latour *Hybride* nennt, also Mediationen, die sowohl technischer als auch sozialer und kultureller Natur sind. Um mit derartigen Kreuzungen und Vermischungen umzugehen, sind wir sehr schlecht ausgestattet'. Mit anderen Worten, es besteht Nachholbedarf: Gefragt ist eine Typologie von Hybridisierungsformen im Spannungsfeld von Vermischung und Vermittlung."[3]

„Allein das Zitieren stellt bereits eine erste Hybridisierung von Texten dar (Derrida), eine ‚Erzeugung, Verschiebung und Überlagerung von Spuren' (Rheinberger), nämlich als experimentelles Spiel, in dessen Verlauf es zu ständigen Verschiebungen und Verlagerungen der Grenzen eines Experimentalsystems kommt, sobald es auf ein anderes Experimentalsystem trifft."[4]

„Freilich gibt es noch ganz andere Bereiche – etwa interkulturelle oder intermediale, aber auch medizinhistorische und religionsgeschichtliche Zusammenhänge – in denen Pfropfen, Impfen, Transplantieren als Figuren der epistemischen und poetischen Grenzerweiterung, oder gar der Grenzverletzung ins Spiel kommen."[5]

„Vermischungen und Gemische verschiedener Art haben vor dem Hintergrund unterschiedlicher fachlicher und theoretischer Traditionen sehr unterschiedliche Bezeichnungen bekommen: Neben Hybridität wird beispielsweise auch von Kreolisierung, Synkretismus, Bricolage, Intertextualität oder Intersexualität gesprochen und neben Hybriden auch von Bastarden oder Cyborgs."[6]

„Ist die Idee der Vermischung von Nutzungen, Elementen, Strukturen etc. das Anti-Programmatische? Kann man tatsächlich alles mischen, eine Art Universal-Hybrid denken? Das abendländische Denken seit der Antike beruht auf der Auseinanderlegung, also Entmischung von Elementen durch Kategorisierung, Klassifizierung, später Standardisierung, Normierung, was hergestellte Objekte betrifft. Man beobachtet und analysiert (= zerlegt) die Natur, man baut aus distinkten Objekten Artefakte."[7]

Was ist heute der Antrieb für eine Konjunktur von Hybridität? – Schlicht der Drang zu „Neuem", vielleicht aber auch der Eindruck, dass es „nichts Neues" mehr gibt und dass man nur mit „neuen Kopplungen" weiterkommt?

Die Ökologie ist die gegenwärtige Paradewissenschaft der natürlichen und technischen Verwobenheit. Der Ausuferung des Komplexen versucht man mit territorialen Begrenzungen zu begegnen: Nische, Biotop, Biozönose etc.

Hybridität hat seit den 1990er-Jahren eine steigende Verbreitung gefunden. Aber bereits Marshall McLuhan war einer der Theoretiker:innen, die am frühesten die Metapher/Figur des „Hybriden" ins Spiel brachten:

„Marshall McLuhan schrieb in seinem Buch *Through the Vanishing Point*, dass es die Aufgabe des Künstlers ist, *Gegenräume* zu kreieren, eine dritte Haut, die uns empfänglicher für andere Gedanken macht und unsere unbewusste, kulturell geprägte Befangenheit ausgleicht. Er ist auch der Auffassung, dass unser Verlangen, diese Räume wahrzunehmen, mit der Beschleunigung unserer Kultur wächst."[8]

„Marshall McLuhan nannte dies die ‚Hybridtechnik', die für eine kreative Entdeckungsreise unerlässlich ist. Er führt aus: ‚Der Bastard oder die Verbindung zweier Medien ist ein Moment der Wahrheit und Erkenntnis, aus dem neue Form entsteht. Denn die Parallele zwischen zwei Medien lässt uns an der Grenze zwischen den Formen verweilen [...]. Der Augenblick der Verbindung von Medien ist ein Augenblick des Freiseins und der Erlösung vom üblichen Trancezustand und der Betäubung, die sie sonst unseren Sinnen aufzwingen.' (McLuhan 1968, S. 68)."[9]

Schon in *Understanding Media* (1964) hatte McLuhan die These aufgestellt, dass „durch Kreuzung oder Hybridisierung von Medien [...] gewaltige neue Kräfte und Energien frei [werden], ähnlich wie bei der Kernspaltung oder der Kernfusion"[10].

„Char Davies merkt ebenfalls an, dass der Theoretiker Henri Lefebvre in seinem Buch *The Production of Space* (1974) zur ‚Schaffung von Anti-Umgebungen und *Gegenräumen*' aufruft, um die betäubende Wirkung der westlichen Metaphysik auszugleichen (Davies, S. 328)."[11]

Grundlegend für die „Moderne" waren nach Bruno Latour die erklärten Trennungen gegenüber den „Vormodernen" und den „anderen Kulturen": in Natur – Kultur, Kultur – Technik, Natur – Soziales etc. In der Praxis allerdings – aber immer unter der Hand – operierten die Modernen laufend mit „Hybriden" aller Art, was Latour in einem seiner theoretischen Hauptwerke zum Urteil führt: „Wir sind nie modern gewesen."[12] Tatsächlich breiten sich die Hybride aus und sind immer weniger in das Paradigma der „Moderne" zu integrieren. In den Tageszeitungen „häufen sich die Hybridartikel, die eine Kreuzung sind aus Wissenschaft, Politik, Ökonomie, Recht, Religion, Technik und Fiktion", obwohl es weiterhin „die Seiten Wirtschaft, Politik, Wissenschaft, Literatur, Kultur, Vermischtes"[13] gibt. – Latour bringt Beispiele einer einzigen Ausgabe von „Le Monde": Eisschmelze in der Antarktis, Fluorwasserstoffe, Politik, Öko-Aktivisten ...: alles in einem Artikel.

Damit kommen die „Hybride" ins Spiel: „Mit Michel Serres bezeichne ich diese Hybriden [sic] als *Quasi-Objekte*, denn sie nehmen weder die für sie von der Verfassung vorgesehene Position von Dingen ein noch die von Subjekten. Sie lassen sich auch unmöglich alle in die Mittelposition hineinzwängen, so als wären sie lediglich eine Mischung von Naturding und sozialem Symbol."[14] – Sie sind also vermischte Entitäten, und für diese behauptet Latour: „Aber nicht wir vermengen", vielmehr: „aus diesem Gemenge, aus diesen Verwicklungen besteht unsere Welt." – Und die Aufteilung stimmt nicht: „links die Erkenntnis der Dinge, rechts Interesse, Macht und Politik der Menschen"[15].

Wenn die Überzeugungen der Moderne – die Trennungen von Natur – Kultur, Natur – Technik, Natur – Gesellschaft etc. – nicht haltbar sind, führt dies auch zu einem völlig anderen Ansatz einer „Neuen Soziologie für eine neue Gesellschaft", zu einer Auflösung der Polarität von Subjekt und Objekt und damit erst zu einer Theorie der „Hybride".[16]

„Hybridität ist insofern selbst ein Hybrid – ein autologischer Begriff, der eine wissenschaftliche Position unmittelbar mit praktisch-politischen Konnotationen und Konsequenzen vermischt und überdies darauf hinweist, dass wir eine Sensibilität dafür entwickeln müssen, dass dies vermutlich auch für alle anderen Begriffe und wissenschaftlichen Klassifizierungsversuche gilt."[17]

„Die Lösung besteht – wieder einmal – darin zu lernen, wie man von Unbestimmtheiten zehrt, statt im Vorhinein zu entscheiden, wie das Mobiliar der Welt auszusehen hat."[18]

In ihrem berühmten *Cyborg-Manifest* fordert „Donna Haraway [...] ein wieder verkörpertes Sehen als eine Art Wiedervereinigung mit den materiellen und technologischen Welten. Die Technologie selbst ist auch ein Grenzobjekt oder eine Schnittstelle zwischen den Welten. Werden neue Welten kreiert, so müssen auch neue Werkzeuge, Sprachen und Gesten entworfen werden, um die hybridisierte Erfahrung zu beschreiben. Hybridisiert ist sie deshalb, weil wir niemals von etwas völlig ,Neuem' sprechen können, denn es wäre in seiner Neuheit unverständlich."[19]

Michael Hardt und Toni Negri stellen in ihrem Buch *Empire* fest: „Hybridisierung wird zum zentralen Merkmal und zur Bedingung für den Kreislauf von Produktion und Zirkulation."[20] Insofern ist es notwendig, zwischen Hybridität als einem Prozess kultureller Subversion und des subalternen Widerstands – wie bei Homi Bhabha – und Hybridität als einem industriellen Modell für die „Vermarktung der Ränder" zu unterscheiden.[21]

Wenn Hybridität zum Programm erhoben wird, sollten immerhin am Rande die Ursprünge des Paradigmas von Hybridisierung im Auge behalten werden: anstelle einer unbestimmten Vermischung von allem Möglichen die Qualitäten der Bestandteile und die Nachzeichnung der Linien, Herkunft und Geschichte sowie das jeweilige Umfeld, in das ein Hybrid gestellt wird und sich entwickeln kann, und nicht zuletzt die Prozesse der Hybridisierung, also die Zyklen der Vermischung, unter Umständen mit der Herausbildung neuer, sozusagen „reiner Formen", bevor sich daraus wieder neue Hybride bilden können ...

[1] Pfropfen, Impfen, Transplantieren. Wege der Kulturforschung 2. L'arc, Romainmôtier, von 9. August bis 12. August 2007. Organisiert von Veronika Sellier und Uwe Wirth. Zugegriffen am 27. April 2020. https://www.hsozkult.de/event/id/event-58147

[2] Pfropfen, Impfen, Transplantieren., a. a. O.

[3] Ottmar Ette und Uwe Wirth: Nach der Hybridität: Zukünfte der Kulturtheorie – Einleitung. In: Dieselben (Hrsg.): Nach der Hybridität: Zukünfte der Kulturtheorie. Berlin: edition tranvía – Walter Frey 2014, S. 8.

[4] Pfropfen, Impfen, Transplantieren, a. a. O.

[5] Pfropfen, Impfen, Transplantieren, a. a. O.

[6] Athanasios Karafillidis: Formale Bedingungen von Hybridität und nicht-moderne Beobachter. In: Thomas Kron (Hrsg.): Hybride Sozialität – soziale Hybridität. Weilerswist: Velbrück 2015, S. 17.

[7] Wolfgang Pircher, Manuskript.

[8] Carolyn Guertin: Queere Hybriden. Kosmopolitismus und verkörperte Kunst. In: Gerfried Stocker und Christine Schöpf (Hrsg.): Hybrid: Living in Paradox. Ars Electronica 2005. Osterfildern: Hatje Cantz 2005, S. 170.

[9] Carolyn Guertin: Queere Hybriden, a. a. O., S. 170.

[10] Marshall McLuhan: Die magischen Kanäle. Understanding Media. Düsseldorf/Wien: Econ 1968, S. 58.

[11] Carolyn Guertin: Queere Hybriden, a. a. O., S. 170.

[12] Bruno Latour: Wir sind nie modern gewesen. Versuch einer symmetrischen Anthropologie. Frankfurt/M.: Suhrkamp 2008.

[13] Bruno Latour: Wir sind nie modern gewesen, a. a. O., S. 8.

[14] Bruno Latour: Wir sind nie modern gewesen, a. a. O., S. 70

[15] Bruno Latour: Wir sind nie modern gewesen, a. a. O., S. 9.

[16] Vgl. Bruno Latour: Eine neue Soziologie für eine neue Gesellschaft. Frankfurt/M.: Suhrkamp 2007 und: Bruno Latour: Existenzweisen. Eine Anthropologie der Modernen. Berlin: Suhrkamp 2014.

[17] Athanasios Karafillidis: Formale Bedingungen von Hybridität und nicht-moderne Beobachter, a. a. O., S. 17.

[18] Bruno Latour: Eine neue Soziologie für eine neue Gesellschaft., a. a. O., S. 201.

[19] Carolyn Guertin: Queere Hybriden, a. a. O. – Vgl. Haraway, Donna: Manifesto for Cyborgs: Science, Technology, and Socialist Feminism in the 1980s. In: Socialist Review 80 (1985), S. 65–108.

[20] Michael Hardt und Antonio Negri: Empire. Cambridge Mass./London: Harvard Univ. Press 2000.

[21] Vgl. Ottmar Ette und Uwe Wirth: Nach der Hybridität: Zukünfte der Kulturtheorie – Einleitung, a. a. O., S. 8.

→ Rudolf Kohoutek
studierte Architektur an der Technischen Hochschule Wien und arbeitete in mehreren Architekturbüros. Freiberufliche Forschung und Beratung für öffentliche und private Institutionen. Seine Themenschwerpunkte sind Wohnqualität, Alltagsleben, Kultur, Stadterneuerung und Stadterweiterung, Städtebau, Raumbild, Stadtgestaltung, Planungsinstrumente, kooperative Planungsprozesse, Knowledge Base Vienna, temporäre Nutzungen, Wiener Architektur-Avantgarden.

MEINS/
DEINS

→ Teilen und Teilhabe
Plattformen, Monopole
Durch Prozesse werden Orte, Objekte, Formen,
Materialien bis hin zum menschlichen Körper –
unsere gesamte Umwelt – kodiert, transkodiert
und rekodiert. Das Sammeln, die Interpretation
und die Nutzbarmachung von Daten bringen eine
Gesellschaft hervor, die immer wieder erkundet
und verhandelt werden muss.

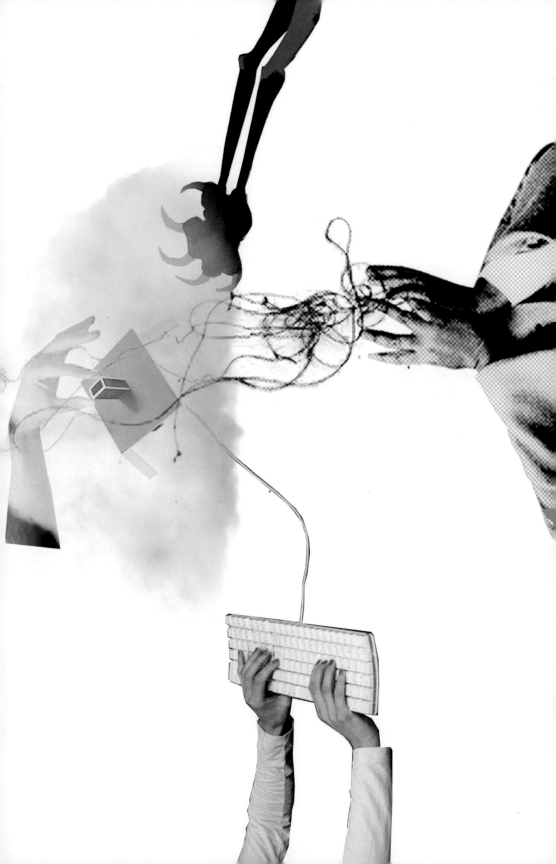

Meins / Deins

Was können temporäre Projekte permanent bewirken?
Oliver Elser

Hätte der Krieg nicht begonnen, wäre dieser Text sicher ein anderer. So aber, in den Märztagen 2022, gleitet der Blick beim Schreiben ständig hinüber zu den Nachrichtenseiten, zu den Bildern von Geflüchteten und Flüchtenden, zerstörten Häusern, Panzern, zu den Landkarten mit Pfeilen zum Verlauf des Kriegs in der Ukraine. Alle sind ratlos, wo das wohl jemals enden wird. Hingegen wird um die Deutung, wie diese bis vor Kurzem undenkbare Situation überhaupt entstehen konnte, heftig gestritten. Russland und der Westen, die Osterweiterung von NATO und EU, die vielen anderen brutal geführten Auseinandersetzungen unter Putins Herrschaft: Stoff für endlose Erklärungsversuche zur Herleitung – und Vermeidbarkeit? – der seit dem 24. Februar 2022 anhaltenden Katastrophe.

Interpretationen gibt es viele, aber Einigkeit dürfte auf allen Seiten darüber bestehen, dass ein bestimmtes Ereignis im Jahr 2013/2014 von einer ganz wesentlichen Bedeutung für alle seitherigen Entwicklungen gewesen ist. Was damals passiert ist, hatte nicht nur eine politische Seite, sondern auch eine architektonische. Das Protestcamp auf dem Majdan, einem Platz im Zentrum von Kiew, war einer der Kipp-Punkte auf dem langen Weg, der nun in einen blutigen Krieg gemündet ist. Dieses Camp war das Zentrum der Proteste, mit denen sich die ukrainische Regierung konfrontiert sah, als sie im Herbst 2013 überraschend erklärte, ein geplantes Wirtschaftsabkommen mit der EU nicht zu unterzeichnen und sich stattdessen stärker an Russland zu binden. Auf dem in „Euromajdan" umgetauften Majdan Nesaleschnosti (Platz der Unabhängigkeit) ereignete sich genau das, worauf die diesem Essay zugrunde liegende Ausgangsfrage abzielte:

Was können temporäre Projekte permanent bewirken?
Das Camp auf dem Euromajdan war nicht mit den zumeist filigranen Protest-Zeltstädten vergleichbar, die kurz zuvor den „Arabischen Frühling" (2011), die Occupy-Wall-Street-Bewegung (2011) oder die Besetzung des Gezi-Parks in Istanbul (2013) geprägt hatten. Der Euromajdan entwickelte sich zu einer hochgerüsteten Festung, umgeben von Barrikaden, die in der Kälte des ukrainischen Winters mit Wasser getränkt und somit durch starke Eisschichten gesichert

waren. Im Verlauf der Proteste dehnte sich die Besetzung auch auf die umliegenden Gebäude aus, wo Sanitäts- und Versorgungsstationen eingerichtet wurden. Obwohl der Aufstand gegen die Regierung von einem breiten, auch in den Regionen verankerten Bündnis aus drei unterschiedlichen politischen Strömungen getragen wurde, deren „Anführer" zu immer neuen Verhandlungsrunden mit der Regierung zusammenkamen, so war es doch die Summe der Besetzer:innen des Majdans, die das eigentliche Plenum bildete, dem jede Entscheidung zur Abstimmung vorgelegt werden musste. Auch als der Präsident Wiktor Janukowytsch und die drei Oppositionsführer sowie die als Vermittler angereisten Außenminister von Polen und Deutschland ein Abkommen zur Beilegung der Krise unterzeichneten, war danach erst der Majdan zu befragen. Als in der Camp-Festung die Stimmung hochkochte und ein Sturm der Regierungsgebäude angedroht wurde, trat die Staatsführung zurück und die Protestbewegung sah sich am Ziel. Dass damit der Weg für Neuwahlen frei wurde, ist eine naheliegende Deutung. Gemäß einer anderen Interpretation jedoch, die vorwiegend von russischer Seite verbreitet wurde (und aktuell als Kriegsgrund angeführt wird), hatte sich damit ein vom Westen gelenkter Staatsstreich ereignet. Wenige Monate später kam es zu der als „Invasion der Grünen Männchen" berühmt gewordenen Annexion von Teilen der Ukraine durch nicht gekennzeichnete Soldaten der russischen Armee. Seither gärt dort ein Bürgerkrieg, der täglich Tote bringt und der, seit dem 24. Februar 2022 zur Invasion gesteigert, die Welt in Atem hält.

In der langen Liste von temporären Projekten, zumeist Protestcamps, die wir gegenwärtig am Deutschen Architekturmuseum mit dem Ziel einer Ausstellung zum Thema Protestarchitektur analysieren, nimmt der Euromajdan eine Sonderstellung ein. Nur hier erlangte eine letztlich zufällig zustande gekommene Gruppe von Protestierenden derart viel Macht, dass sie sich gegenüber der zunehmend repressiven Staatsmacht schließlich durchsetzen konnte. Auch in Ägypten trat nach kurzen, heftigen Protesten im Jahr 2011 die Regierung zurück, und auch dort spielte das Protestcamp auf dem Tahrir-Platz eine wichtige Rolle. Es war jedoch im Unterschied zum Majdan keine für mehrere Wochen jedem staatlichen Zugriff entzogene Festung, die darüber hinaus noch weitere Teile der Innenstadtbauten infizierte.

Im Vergleich mit den temporären Strukturen in Kairo und Kiew wirkt die Reichweite und historisch-politische Durchschlagskraft derjenigen Beispiele, die in diesem Essay wohl an erster Stelle gestanden hätten, wäre der Text unter anderen Umständen entstanden, plötzlich ganz anders. Deren Nachhall erstreckt sich eher auf das Feld des professionsintern geführten Architekturdiskurses.

Temporäre Architektur stand am Beginn der modernen Architektur, auch wenn deren revolutionäre Kraft den wenigsten Besucher:innen bewusst gewesen sein dürfte, die im Jahr 1851 in London den Crystal Palace der Londoner Weltausstellung besucht haben. Das sei doch gar kein Gebäude, meinten viele Zeitgenoss:innen, sondern bloß ein Gewächshaus, das den zu bewahrenden Bäumen des Hydeparks übergestülpt wurde. Gut einhundert Jahre später war die architektonische Sensationslust der Weltausstellungs- bauten dann der eigentliche Sinn einer Expo, so etwa in Brüssel 1958, Montreal 1967 oder in Osaka 1970. Hinterher verschwanden die meisten und spektakulärsten dieser Bauten wieder und geistern seither durch das kulturelle Langzeitgedächtnis.

Der Sinn von temporären Bauten scheint – außerhalb der unmittel- baren Wirkung – darin zu liegen, Legenden zu schüren und folgen- de Generationen temporärer Bauten zu prägen. Im besten Falle. Auf dieser Linie liegt auch der Club Hybrid. Er ist ganz offensichtlich beeinflusst durch Vorgängerprojekte. Hier seien nur diejenigen erwähnt, die persönlich besucht werden konnten: Bellevue – das gelbe Haus (Linz 2009) und Add-on, 20 Höhenmeter (Wien 2005). Der Club Hybrid unterscheidet sich, sehr grob gesprochen, von diesen früheren Projekten durch die radikale Konzentration auf et- was, das nicht hoch genug angesetzt werden kann: offene Küche, offene Gaststube und leidenschaftliche Köche an den Herdplatten. Dieser Funktionalismus des Feierns und Sattwerdens in der Erd- geschoßzone verweist alles andere buchstäblich in den „Überbau". So beeindruckend das Programm der Gastauftritte, Diskussionen, Fellows und Artists-in-Residence zweifellos ist, so sollte doch auch der Menüplan auf diesen Buchseiten in aller appetitanregen- den Ausführlichkeit dokumentiert werden.

Abstrakter gesprochen: Das Versprechen, einen außergewöhnlichen Ort auf Zeit zu schaffen, mit einem niedrigschwelligen Zugang, wurde eingelöst, auch für die Schichtarbeiter der Baustoffhandlung gegenüber. Das ist in einer sonst auf Distinktion und die ausschlie- ßende Wirkung von „feinen Unterschieden" angelegten Kultur temporärer Kunst- und Architekturprojekte ein hohes Gut.

Denn längst sind temporäre Pavillonbauten zu einer zwar bisweilen experimentellen, zumeist aber bloß den Marktwert der Beteiligten steigernden Spektakelarchitektur geworden. Es fehlt die Gastlichkeit. Jedes Jahr aufs Neue entsteht in London ein Serpentine-Pavillon –

aber was bleibt zurück außer einem Haufen Sondermüll? Was können temporäre Projekte permanent bewirken? Nur einmal war der Pavillon im Hydepark nicht bloß eine schöne Skulptur, sondern zugleich eine „soziale Plastik". 2006 errichtete Rem Koolhaas / OMA eine Art UFO, das zum Schauplatz eines 24-stündigen Interviewmarathons wurde. Den Berichten zufolge ein eher bizarres Ereignis, aber immerhin war das mal ein Programmangebot, statt dass wie sonst ausschließlich Architektur zum Anstaunen geboten wurde.

Die Pavillons der Biennale von Venedig sind im Grunde auch temporäre Bauten. Die historischen Hüllen stehen permanent herum, der Inhalt aber wird für Kunst- und Architekturbiennalen im jährlichen Wechsel neu gestaltet, das Ergebnis ist häufig ein völlig veränderter Pavillon. Unvergesslich ist das Jahr 2006, als der Kurator Patrick Bouchain die Gruppe 1024 damit beauftragte, im französischen Pavillon eine Art architektonisches Hippiecamp zu errichten. Der Zweck der Architektur war … Architektur. Aber nie wurde das schöner, lässiger, verrückter inszeniert. Die Besucher:innen liefen mitten durch die Schlaf- und Arbeitsräume einer werkelnden, kochenden und offenbar Spaß habenden Gruppe hindurch, die mit Gerüsten den Pavillon überformt hatte, daran weiterbaute und mit listiger Freude alle Gäste zum Besuch der Sauna auf dem Dach aufforderte. Über die eiserne Regel, am Abend das Biennalegelände zu verlassen, setzten sich die Pavillonbewohner:innen irgendwie hinweg. Eine ähnliche Atmosphäre bietet seit 2018 die Floating University der Gruppe raumlabor. In einem Löschwasserbecken, das zum Berliner Flughafen Tempelhof gehört, errichtete sie ein Dorf aus Pfahlbauten, das nun wechselnden Universitäten zur Verfügung gestellt wird. Ob sich mehr als nur vereinzelt Gäste aus der Nachbarschaft dorthin trauen, kann allerdings bezweifelt werden. Die Distinktionsschranke ist schwer zu knacken.

Selten passiert es, dass temporäre Bauten in den Zustand der Permanenz übergehen. Der Barcelona-Pavillon von Mies van der Rohe hat Architekturgeschichte geschrieben. Er wurde 1930 abgebrochen und Mitte der 1980er-Jahre rekonstruiert. Der österreichische Pavillon auf der Weltausstellung 1958 in Brüssel, ein Werk aus dem Büro von Karl Schwanzer, steht heute als Belvedere 21 in der Nähe des Hauptbahnhofs in Wien. Die Multihalle von Carlfried Mutschler und Frei Otto in Mannheim aus dem Jahr 1975 war temporär gedacht, blieb stehen und wird jetzt umfassend saniert.

Dem Club Hybrid ist ein ähnliches Schicksal zu wünschen. Abgebaut in Graz, transferiert, aufgebaut andernorts. Es wäre schade, wenn die Küche nicht mehr in Betrieb ginge. Temporäre Projekte können permanent wirken, indem sie den Spirit ihrer Entstehungszeit in eine neue Richtung lenken. Auch wenn es nicht gelingt, sie dauerhaft zu installieren, wie bei der temporären Kunsthalle am Karlsplatz von Adolf Krischanitz, die irgendwann leider wieder auseinandergeschraubt wurde, so haben sie doch immer noch die Chance, zur Legende zu werden.

→ Oliver Elser
    studierte Architektur in Berlin. Seit 1995 ist er als
    Architekturkritiker und -journalist für Zeitungen
    und Zeitschriften tätig, zunächst in Berlin, danach
    in Wien. Seit 2007 ist er Kurator am Deutschen
    Architekturmuseum (DAM) in Frankfurt am Main.
    Im Jahr 2017 zählte er zu den Gründungsmitglie-
    dern des Center for Critical Studies in Architecture
    (CCSA). 2020 war er Vertretungsprofessor für
    Architekturtheorie am KIT in Karlsruhe.

Meins / Deins

→ *Stills aus dem Teaser Club Hybrid*
Animation Eugen Danzinger, September 2019

CLUB HYBRID

SPEKULATIONS OBJEKT?

ÖFFENTLICHES OBJEKT!

CLUB HYBRID

MONETÄRE KRÄFTE?

SOZIALE KRÄFTE!

CLUB HYBRID

IN GRAZ!

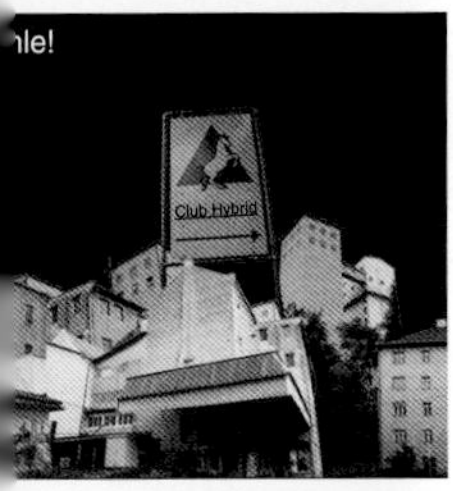

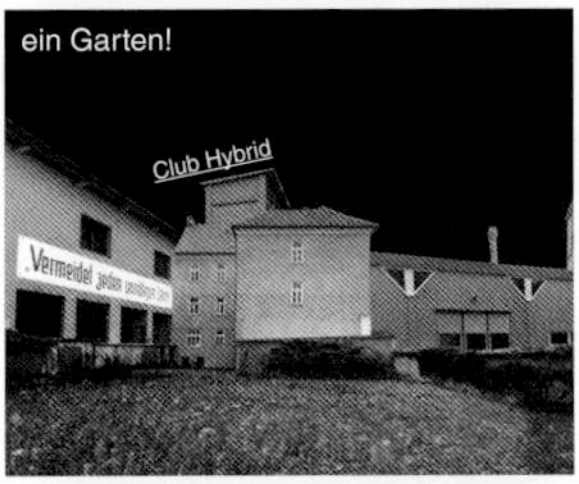

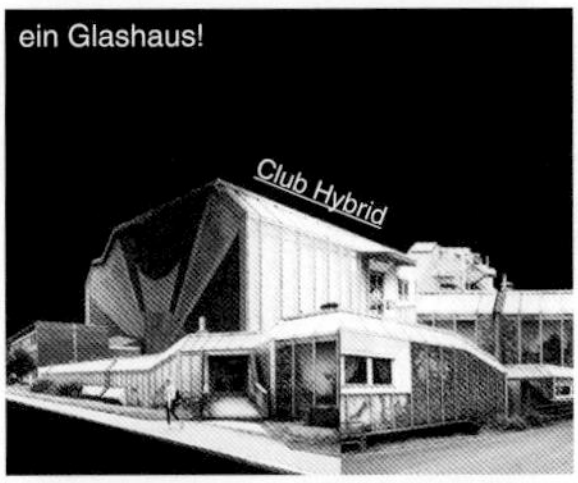

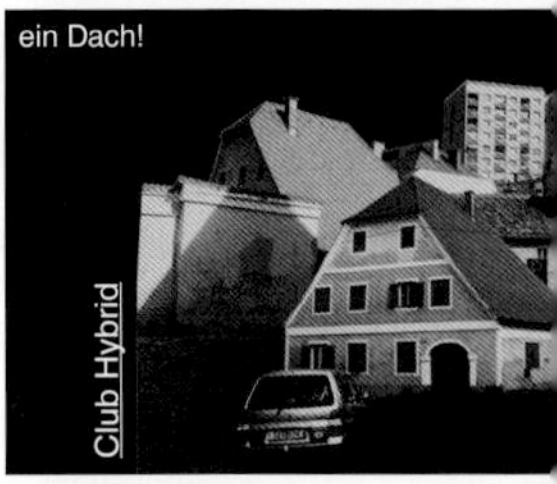

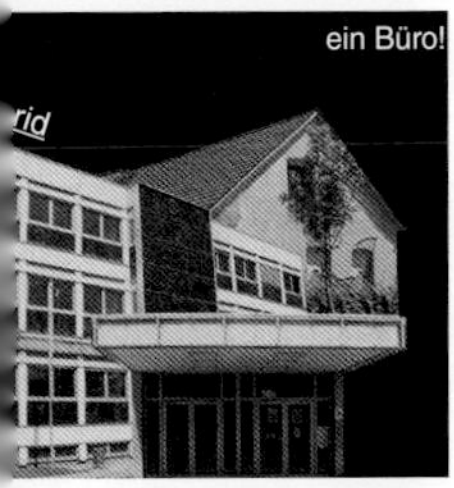

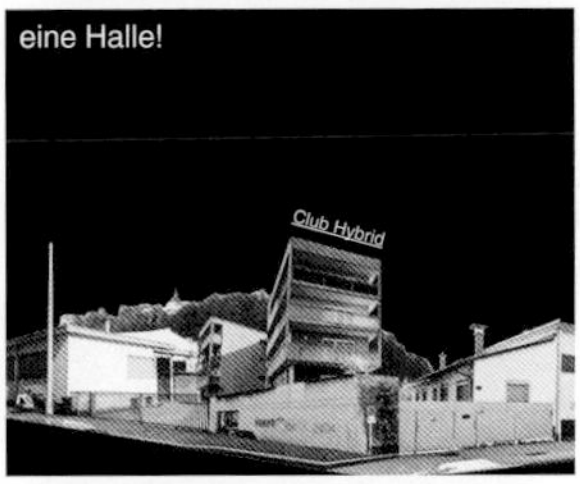

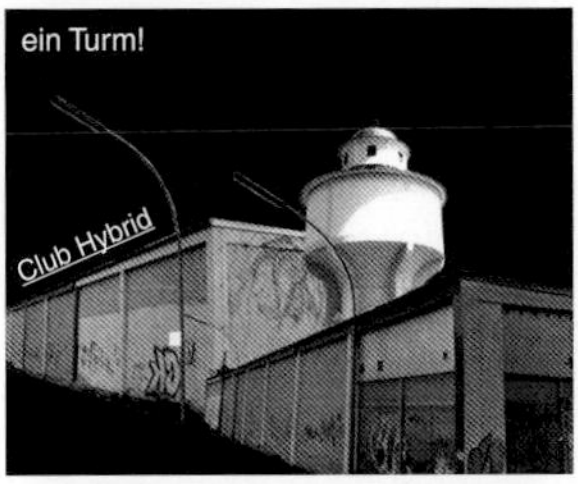

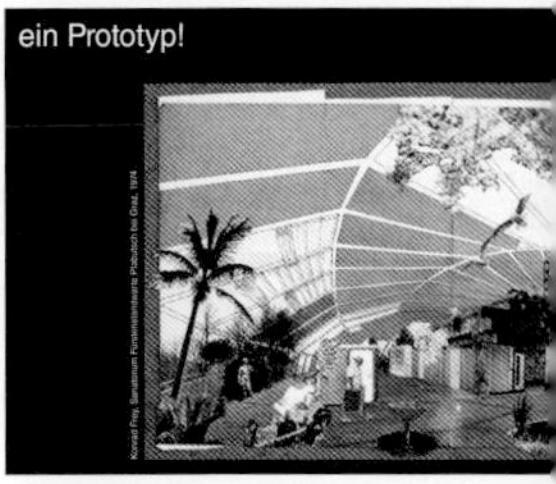

...le!

ein Garten!

ein Glashaus!

ein Dach!

ein Büro!

eine Halle!

ein Turm!

ein Prototyp!

FÜR ALLE!

TU WAS!

KOMM ZUM STAMMTISCH!

TEMPORÄR?

ERMANENT!

=

CLUB HYBRID

=

STADT OBJEKT

=

DEMON-STRATIV-BAU

CLUB HYBRID

Club Hybrid – Ein Sommer in der Nebelzone

© 2022 by jovis Verlag GmbH

Umschlagmotiv: Objektsammlung im Club Hybrid, 2021

Herausgeber:innen, Texte und Redaktion: Heidi Pretterhofer, Michael Rieper

Essays: Agency Apéro (Beatrice Bucher, Christine von Raven, Yannik Plachtzik), Oliver Elser, Rudolf Kohoutek, Emily Trummer, Bernd Vlay

Produktion: MVD Austria, Verein zur Förderung von Kunst, Architektur, Musik und Film; Mariahilfer Straße 93/2/24, 1060 Wien, Österreich; www.mvd.org, mvd@mvd.org, +43 1 9691900

Druck: Schmidbauer GmbH
Bindung: G.G. Buchbinderei GmbH
Typografie: Acumin Pro von Robert Slimbach
Papier: Smartline Fine Silk 80 g/m2

Grafiken:
Pretterhofer Arquitectos, schwarzplan.eu (S.12)

Fotos: Magistrat Graz, Stadtvermessungsamt (S.38), Wolfgang Reinisch (S.67), Robert Bodnar (S.101), Wolfgang Thaler (S.4, S.68-75, S.100, 102-107)

Lektorat: Felicitas Ferder (der/die/das Joghurt – das Lektoratskollektiv)

Gestaltung und Satz:
Beatrice Bucher (Pretterhofer Arquitectos)

Lithografie: Christine Schmauszer (MVD Austria)

Gedruckt in der Europäischen Union

Bibliografische Information der Deutschen Nationalbibliothek: Die Deutsche Nationalbibliothek verzeichnet diese Publikation in der Deutschen Nationalbibliografie; detaillierte bibliografische Daten sind im Internet über http://dnb.d-nb.de abrufbar.

Dank an die Förder:innen der Publikation

Bundesministerium
Kunst, Kultur,
öffentlicher Dienst und Sport

Das Land Steiermark
Kultur, Europa, Sport

jovis

jovis Verlag GmbH
Lützowstraße 33, 10785 Berlin

www.jovis.de

jovis-Bücher sind weltweit im ausgewählten Buchhandel erhältlich. Informationen zu unserem internationalen Vertrieb erhalten Sie von Ihrem Buchhändler oder unter www.jovis.de.

ISBN 978-3-86859-768-4

Impressum

Club Hybrid – Ein Demonstrativbau in Graz

Herrgottwiesgasse 161, 8055 Graz
10. Juni bis 15. August 2021

//www.clubhybrid.at
club@clubhybrid.at

Idee und Konzeption
Heidi Pretterhofer, Michael Rieper

Heidi Pretterhofer ist Architektin und führt das Büro Pretterhofer Arquitectos. Ihre Arbeiten bewegen sich an der Schnittstelle von Architektur, Urbanismus, Theorie und Kulturproduktion. Parallel zu ihrer architektonischen Praxis ist sie Kuratorin vieler Ausstellungen und Herausgeberin sowie Verfasserin zahlreicher Publikationen, die das Verhältnis zwischen urbanen Bedingungen und architektonischem Handeln erkunden.
//www.prearq.at

Michael Rieper ist Architekt und Grafikdesigner. Die meist von ihm im Team mit anderen gestalteten Projekte umfassen theoretische wie praktische Forschungsarbeiten im Spannungsfeld von Privatheit und Öffentlichkeit. Er ist Gründungsmitglied von MVD Austria – Verein zur Förderung von Kunst, Architektur, Musik und Film.
//www.mvd.org

Dank an das Team Club Hybrid
Jana Aschauer, Beatrice Bucher, Eugen Danzinger, Christian Daschek, Martin Embacher, Claudia Gerhäusser, Valentina Gruber, Linda Lackner, Johannes Leitich, Michael Haas, Martin Huth, Stefan Lozar, Emil Maier, Ralo Mayer, Dietmar Nittel, Heide Oberegger, Matthäus Prandstätter, Helene Schauer, Christine Schmauszer, Manuel Schöndorfer, Christina Simmerer, Michael Sladek, Benita Tauer, Emily Trummer, Pauline Trummer, Joanna Zabielska, Gerhard Zehner

Die Kantine wurde von Consommé betreut: Barbara Gruber, Daniel Huber, Lung Peng, Angelina Huber; die Samstage wurden von Eule Bier gehostet: Toni Krisper, Franziska Gruber, Klara Steinwender, Lisa Wallinger

Dank an die Holding Graz und Stadt Graz
Martin Eisenberger, Gerhard Egger, Wolfgang Malik, Günter Riegler

Ein Projekt im Rahmen von Graz Kulturjahr 2020

Dank an die Förder:innen des Clubs Hybrid

Dank an die Partner:innen des Clubs Hybrid

Andreas Kampfl

EULE

MVD

werkraum
ingenieure

PEGAPOOL

PRETTERHOFER
ARQUITECTOS

reinisch wolfgang.at

Steiermärkische
SPARKASSE

Ein Sommer in der Nebelzone